Table Manners
餐桌有礼
如何成为餐桌上的礼仪达人

华平生 ◎ 编著

中国商业出版社

图书在版编目（CIP）数据

餐桌有礼：如何成为餐桌上的礼仪达人 / 华平生编著 . -- 北京：中国商业出版社，2021.7
ISBN 978-7-5208-1609-0

Ⅰ . ①餐… Ⅱ . ①华… Ⅲ . ①饮食—礼仪—基本知识—中国 Ⅳ . ① K892.26

中国版本图书馆 CIP 数据核字（2021）第 078114 号

责任编辑：包晓嫱　佟　彤

中国商业出版社出版发行
010-63180647 www.c-cbook.com
（100053 北京广安门内报国寺 1 号）
新华书店经销
香河县宏润印刷有限公司印刷

*

710 毫米 ×1000 毫米　16 开　14 印张　200 千字
2021 年 7 月第 1 版　2021 年 7 月第 1 次印刷
定价：100.00 元

****

（如有印装质量问题可更换）

编 委：杨相琳（礼龙） 姚 军（礼馨） 江腊妹（礼姝）
　　　常 娜（礼嫦） 周 文（礼文） 李依洋（礼瑟）
　　　黄彩琴（礼嘉） 任苏静（礼贤） 陈乐南（礼乐）
　　　孔令环（礼灵） 王玉萍（礼玉） 齐冬梅（礼白）
　　　王玉真（礼真） 吴淑娟（礼让）

前 言

中华民族具有优秀的传统文化，中国是一个礼仪之邦，饮食礼仪也是其中的一种。自古以来对用餐时的礼节非常重视，《论语》有云"食不言，寝不语"反映着我们流传千年的礼节，讲的就是在用餐时要态度恭敬，进餐不仅要有威德，有仪则，更要有仪式感。

有人说"最初的礼仪是从饮食礼仪开始的"，或"最初的礼仪是从饮食活动开始的"。它的理由就是，孔子当年说过"夫礼之初，始诸饮食"这句话。据记载，孔子在参加完一次祭祀礼仪之后，说了这样一段话："夫礼之初，始诸饮食。其燔黍捭豚，污尊而抔饮，蒉桴而土鼓，犹若可以致其敬于鬼神。"这里所说的"始诸饮食"不是说从饮食开始，而是说从敬献饮食的东西（这种形式）开始。可见，吃饭时的仪式感古已有之。当今社会，各种形式的饮食活动，都有表达敬意和祈福的含义。

《弟子规》有云："或饮食，或坐走，长者先，幼者后。"古人在宴请客人之时，晚辈是不得一起就餐的，只有当客人就餐完毕后，孩子们才可以上桌就餐。可见，古人是何等重视餐桌礼仪的。

当今社会家庭结构和人际交往与古时不同，人们生活节奏加快，餐桌礼仪也有了很大变化一些礼仪既有传承又有新的规范。本书从就餐的邀约礼仪、赴宴礼仪、座次礼仪、点餐礼仪、奉茶礼仪、敬酒礼仪、端碗礼仪、执筷礼仪、持勺礼仪、刀叉礼仪等十方面进行讲解，知识点穿越古今，中西合璧，全方位诠释了餐桌礼仪的诸多细节。

我们总会遇上各种各样的饮食活动，有身不由己去的，也有欣然相约

餐桌有礼——如何成为餐桌上的礼仪达人

的，有坐立不安的，也有流连忘返的。

一场成功的餐桌聚会不仅仅是食物的堆砌，更多的是感情的碰撞。

相信这本集文化性、实用性、示范性、可读性和欣赏性于一体的礼仪指导工具书，定有助益——人生必有餐桌礼，书中自有礼与理。

看菜吃饭，量体裁衣。

一粥一饭，思之不易。

半丝半缕，恒念维艰。

勤能补拙，省能补贫。

本书倡导：

学习礼仪，从就餐开始；传承礼仪，从娃娃开始。

华平生

2020 年 9 月 28 日

目 录

第一课
邀约礼仪——拳拳盛意把你请
    读一读 古语导读 / 3
    听一听 故事案例 / 5
    教一教 华礼观点 / 7
    看一看 看图学礼 / 13
    唱一唱 童谣吟唱 / 17
    玩一玩 寓教于乐 / 18
    想一想 课后思考 / 19
    记一记 华礼语录 / 19
    笑一笑 打歇后语 / 19
    做一做 章节测试 / 20

第二课
赴宴礼仪——落落大方去赴宴
    读一读 古语导读 / 27
    听一听 故事案例 / 28
    教一教 华礼观点 / 31
    看一看 看图学礼 / 35
    唱一唱 童谣吟唱 / 36

玩一玩　寓教于乐 / 37

　　想一想　课后思考 / 38

　　记一记　华礼语录 / 38

　　笑一笑　打歇后语 / 39

　　做一做　章节测试 / 39

第三课
座次礼仪——客客气气把座让

　　读一读　古语导读 / 47

　　听一听　故事案例 / 48

　　教一教　华礼观点 / 50

　　看一看　看图学礼 / 54

　　唱一唱　童谣吟唱 / 57

　　玩一玩　寓教于乐 / 57

　　想一想　课后思考 / 58

　　记一记　华礼语录 / 58

　　笑一笑　打歇后语 / 59

　　做一做　章节测试 / 59

第四课
点餐礼仪——开开心心把餐点

　　读一读　古语导读 / 65

　　听一听　故事案例 / 65

　　教一教　华礼观点 / 66

　　看一看　看图学礼 / 70

　　唱一唱　童谣吟唱 / 71

　　玩一玩　寓教于乐 / 72

想一想　课后思考 / 73

记一记　华礼语录 / 73

笑一笑　打歇后语 / 74

做一做　章节测试 / 74

第五课

奉茶礼仪——欢欢喜喜把茶敬

读一读　古语导读 / 79

听一听　故事案例 / 80

教一教　华礼观点 / 82

看一看　看图学礼 / 87

唱一唱　童谣吟唱 / 92

玩一玩　寓教于乐 / 94

想一想　课后思考 / 95

记一记　华礼语录 / 95

笑一笑　打歇后语 / 96

做一做　章节测试 / 97

第六课

敬酒饮礼仪——高高兴兴把杯端

读一读　古语导读 / 103

听一听　故事案例 / 105

教一教　华礼观点 / 107

看一看　看图学礼 / 112

唱一唱　童谣吟唱 / 115

玩一玩　寓教于乐 / 115

想一想　课后思考 / 116

　　记一记　华礼语录 / 117

　　笑一笑　打歇后语 / 118

　　做一做　章节测试 / 118

第七课
端碗礼仪——恭恭敬敬把碗端

　　读一读　古语导读 / 123

　　听一听　故事案例 / 124

　　教一教　华礼观点 / 126

　　看一看　看图学礼 / 129

　　唱一唱　童谣吟唱 / 133

　　玩一玩　寓教于乐 / 133

　　想一想　课后思考 / 134

　　笑一笑　打歇后语 / 134

　　做一做　章节测试 / 135

第八课
执筷礼仪——动动手指把菜夹

　　读一读　古语导读 / 139

　　听一听　故事案例 / 141

　　教一教　华礼观点 / 144

　　看一看　看图学礼 / 150

　　唱一唱　童谣吟唱 / 159

　　玩一玩　寓教于乐 / 160

　　想一想　课后思考 / 162

　　记一记　华礼语录 / 162

笑一笑　打歇后语和谜语 / 163

做一做　章节测试 / 163

第九课
持勺礼仪——平平稳稳把勺持

读一读　古语导读 / 169

听一听　故事案例 / 169

教一教　华礼观点 / 171

看一看　看图学礼 / 181

唱一唱　童谣吟唱 / 186

玩一玩　寓教于乐 / 186

想一想　课后思考 / 187

记一记　华礼语录 / 187

笑一笑　打歇后语 / 188

做一做　章节测试 / 189

第十课
刀叉礼仪——井井有条刀叉礼

读一读　古语导读 / 193

听一听　故事案例 / 194

教一教　华礼观点 / 195

看一看　看图学礼 / 198

玩一玩　寓教于乐 / 199

做一做　章节测试 / 201

后　记 / 207

附录　礼让六尺巷——桐城派文化传播者 / 208

第一课

邀约礼仪
——拳拳盛意把你请

独乐乐不如众乐乐。当我们遇到美好的事情，感受到新鲜的事物，一定会分享给别人。分享，是一种本能，更是一种快乐。比如当我们在过生日时要聚餐，聚餐时邀请亲朋好友，该如何邀请？这其中学问很大！遇见美好，从邀约开始；感受真诚，从邀约开始！

餐桌有礼——如何成为餐桌上的礼仪达人

引语：

中餐的饮食文化重在团圆，重在气氛，重在情义，注重中餐的餐饮礼仪，体现和乐的气氛。难怪乎中国人常说抽时间一起坐坐，就是指一起就餐。若把这类聚餐升级为祝贺宴会、派对等，那就要完成一个预约的环节。

大家都知道李白的《赠汪伦》，诗云，"李白乘舟将欲行，忽闻岸上踏歌声。桃花潭水深千尺，不及汪伦送我情。"但鲜为人知的是，李白并非无缘无故认识汪伦的，而是因为汪伦的邀请！汪伦是这么写邀请函的："先生好游乎？此地有十里桃花；先生好饮乎？此地有万家酒店。"

古代诗人邀请客人的邀请函都显得那么有诗意！

入营须知：

三天为请，两天为叫，当天为提溜。

约聚会，有礼貌，

邀请别人要周到。

提前预约定地方，

表达清楚人叫好。

读一读　古语导读

一、过故人庄·孟浩然

故人具鸡黍，邀我至田家。

绿树村边合，青山郭外斜。

开轩面场圃，把酒话桑麻。

待到重阳日，还来就菊花。

导读：

这首诗歌充分展现了诗人孟浩然的朋友对他的热情。朋友邀请他到家里来做客，提前准备了丰盛的饭菜以表达对他的欢迎，还对下次的相聚提出了邀约，让人倍感亲切与尊重，也表达了诚挚的友情。

二、《月下独酌四首·其一》节选

举杯邀明月，对影成三人。

导读：

"我"把天上的明月和身边自己的影子当成知心朋友邀约一起起舞，希望愉快地度过如此良宵。人和人之间要真诚相待，邀约朋友是一件美好的事情，我们可以经常邀请自己身边的朋友，这样我们的生活会更加美好。

三、《仪礼·士相见礼》节选

不以挚，不敢见。

导读：

在我们日常生活中，朋友之间需要见面，不可贸然前往，这是不礼貌的表现。要事先征得对方同意，方可赴约。见面的时候需要携带见面礼拜访，表示对朋友的重视与尊重。

四、白居易邀请刘禹铜

"绿蚁新醅酒，红泥小火炉。晚来天欲雪，能饮一杯无？"白居易邀请的对象是大诗人刘禹锡的堂兄刘禹铜。

五、千里相"会"歃血"盟"

春秋战国时期，诸侯争相称霸或互相征伐。有时候，一些强大的诸侯国利用自己的实力和影响力胁迫其他小国加入自己的阵营，或者一些较小的诸侯国为了抵御大国的侵略而联合作战，都会举行会盟仪式。诸侯会盟的发展历程正是古代礼制社会的兴盛与衰败的历程，也是诸侯国壮大发展的过程。

其实，周朝的诞生本身就是由一次著名的会盟促成的。武王九年（公元前1048年），武王率大军向东进发，来到了黄河南岸的孟津（古黄河渡口名）举行誓师仪式，即"孟津之誓"。这次到会的诸侯和部落首领有800人之多，所以史称"八百诸侯会孟津"。至武王十一年（公元前1046年），纣王的统治更加黑暗，大批忠良之士被杀或逃亡。武王感到灭商的时机已到，于是亲率戎车300辆、虎贲之师3000人、甲士45000人东进伐纣，并遍告诸侯重新会师于孟津，此次孟津会师正式揭开了武王伐纣的序幕。

春秋时期盟会之多，可谓空前绝后，《春秋》对盟会的记载最为详尽。根据现存典籍的粗略统计，春秋盟会几近三百次，其中以葵丘（今河南省商丘市民权县林七乡西村）之会、践土之会、黄池会盟、徐州会盟最为著名，被合称为春秋四大盟会。

"会"的繁体字作"會"，许慎在《说文解字》中说："会，合也。从亼，从曾省。曾，益也。"甲骨文中的"会"字像一个储存粮食的盒子。如果去掉中间部分，剩下的部分就是一个"合"字，上部像盖子，下面的一横和"口"加在一起像食器。这是用储存粮食的盒子来表示物品汇聚之意，所以其本义是聚合、聚汇。金文多出几个小点，更突出了聚合储粮之意。所以在古代"会"与"合"可以互训。

而"盟"也是个会意字，《说文解字》言："盟，杀牲歃血，珠盘玉敦，以立牛耳。"

古代盟约仪式大致的过程是：盟约前，先找一块空地，挖个坑儿，宰杀牲口并置于坑儿上，割牲左耳，用珠盘盛耳，并由主盟者"执牛耳"，用玉敦盛血。参盟者以爵位高低、尊卑依次排列；接着，主持盟约仪式的官员对着日月山川之神宣读盟誓。告誓结束后，工作人员将盛有牲血的玉敦递给参盟者，参盟者依次将血涂在口唇上，这个过程称作"歃血"。

后人通常以"盟会"并称，"盟"与"会"都是一种社会契约行为，而在春秋史上的重要性绝不亚于"盟约"。"会"又称"会见""会同"，《周礼》有"会见礼"，西周王朝十分重视"会见礼"。进入春秋，"会"成了诸侯间交往的重要手段，甚至具有更强烈的政治意义，因而亦更明显地表现出它的时代特征。

春秋时期，"会"被注入了特定的内涵，因而具备了"社会契约"功能，"盟"与"会"亦产生了某些关联，通常表现为先会后盟。比如春秋时期著名的葵丘之会就是齐桓公在公元前655年大会八国诸侯，在首止开大会，然后又于公元前651年，在葵丘与几大诸侯共同缔结了共辅太子的盟约。其内容，有些是各国在经济上互相协作的要求，有些是维护宗法统治秩序的需求。条约规定："凡我同盟之人，既盟之后，言归于好。"通过葵丘的盛会，齐桓公成为中原的首位霸主。

听一听　故事案例

虚假的邀请

星期一的早上，跳跃的鸟儿在枝头欢歌，嫩绿的小草顶着露珠在摇曳，飞舞的蝴蝶踩着花瓣在舞蹈，梅太太嘴里哼唱着"我爱我的家，幼儿

餐桌有礼——如何成为餐桌上的礼仪达人

园的家……"将她3岁的小宝送到幼儿园门口，然后捋一捋头发，一摇一摆地去买东西了。在超级市场，她碰见了邻居张太太。

"亲爱的张太太，请问您今天晚上有时间吗？"梅太太问。

"有。"张太太爽快答道。

"哇喔，明天下午呢？"

"也有。"

"那太好啦，那么后天呢？"

"没有时间，后天我们有客来访。"

"哦哦，多么遗憾！"梅太太说，"我真心想邀请您，后天来我家喝茶呢！"

"不好意思，我家里有点事，我先回去了，您先忙，再见！"张太太说完连忙走了。

提问：

1. 梅太太是如何邀约邻居张太太的？她这样的邀约方式对吗？为什么？
2. 如果你是张太太，你心里会怎么想呢？
3. 最后张太太为什么会急着离开？
4. 你认为以后梅太太邀请张太太，张太太会接受邀请吗？

案例分析：

邀约需要诚心诚意，梅太太专挑张太太没时间的日子邀约，明显就是没有诚意。

一般情况下，邀约提前三天以上才为"请"，民间有句俗语叫："三天为请，两天为叫，当天为提溜。"

梅太太最开始是询问在当天晚上，本来就不符合礼仪，后来张太太说有时间，她又改到了第二天，三番两次以后，张太太就不相信梅太太了。

与其对他人表示你虚假的"真心"，倒不如不去表示。否则，别人将会用"虚假"为你定性。须知：一两的真诚胜过千万斤的小聪明！

第一课　邀约礼仪——拳拳盛意把你请

教一教　华礼观点

1. 诚心诚意——邀请别人参加生日宴和邀请同学去公园玩能用同一种方式吗？

不能用同一种方式，因为生日宴的邀请属于正式邀请。正式邀请多采用书面的形式，正式邀请的主要形式有请柬、书信。

而邀请同学去公园玩是非正式的邀请。非正式邀请通常是以口头形式来表达的，相对而言，显得随意一些。非正式邀请的主要形式有电话、口头表达。

正式邀请要采用书面的形式

2. 预则可立——如果我们要邀请别人，提前多久发出邀请比较合适？

需要坚持"二三一一"的原则。

（1）二周：正常情况下宴会请柬一般应在两周前发出；

（2）三天：电话邀请一般提前三天进行；

（3）一天：口头邀请一般提前一天进行；

（4）一个月：有特殊情况需提前一个月。比如邀请非常尊敬的长辈和比较忙的领导，以及远方的亲戚，都应该提前一个月邀请。

3. 相得益彰——是不是非正式邀请就可以不用讲究礼仪？

不是，口头邀请是非正式邀请方式，采用比较自然的状态，通常适用于相互比较熟悉的亲朋好友、师生之间。可以在休息时间或平时的晚上，到被邀请者家中亲自邀请，以示郑重，也可以打电话邀请。时间、地点及内容应该向对方说明，同时，也要讲究提前预约、称呼到位、征求对方建议等礼仪。只有这样，才不至于失礼。

在学校，班级的活动邀请老师参加除了提前正式邀请，也可以口头进行，话术如："林老师，我们班的主题班会活动可以邀请您来参加吗？"

4. 姹紫嫣红——请柬封面的颜色是不是只可以用红色？

请柬的封面通常用红色，并标有"请柬"两字。请柬内侧可以是红色，也可以是其他颜色，但忌讳用黄色与黑色。

在中国，红色和粉红色都代表着喜庆的意思

5. 精益求精——写请柬正文时，可以用红色的笔写吗？

在请柬上书写正文时，应采用钢笔或毛笔，并选用黑色或蓝色的墨水或墨汁。最好不要使用红色、紫色、绿色、黄色以及其他颜色鲜艳的墨水。

用黑色钢笔书写邀请函，显得更为重视

6. 面面俱到——在写请柬的行文里，七大必写内容是哪些？

（1）活动形式；

（2）活动内容；

（3）活动时间；

（4）活动地点；

（5）活动要求；

（6）联络方式；

（7）邀请人。

请柬文案示例：

谨于2021年1月21日14时整，于本市电视台演播大厅举行"童星旺星"少儿春晚活动，敬请届时光临！

邀请人：×××

联系电话：××××××××

7. 两全其美——邀请夫妇二人来参加宴会，是给一张邀请函还是两人各给一张邀请函呢？

如邀请夫妇二人，国际上通常的做法是：合发一张请柬。我国国内有些场所需凭请柬入门，考虑到为对方提供方便，需要夫妇各发一张。

8. 屈高就下——邀请函可以交由孩子递送吗？

如果是与孩子自己有关的宴会邀请可以由孩子亲自递送，如果是其他重要邀请，则不适合由孩子递送，需要当事人送出或派遣专人送达。

孩子拿请柬的封面通常使用红色，递呈时面带微笑，身体稍微前倾

重要的邀请还是大人出面比较好，只要脸上带着微笑，自然会把这种美好的、明朗的表情传给对方

9. 明察秋毫——你的聚餐活动同时邀请多个同学的时候应该注意哪些问题？

（1）如果是同时邀请多人，那就要注意看邀请的对象是否相识。如果不相识，就要分开邀请，以免让他们相处尴尬而影响聚会心情。

（2）邀请的对象不宜太多，以免顾此失彼，照顾不过来，反而影响聚会效果。

10. 亲力亲为——你托别人转递请柬，这样做符合礼仪吗？

不符合礼仪。请柬的递送方式很有讲究，古代无论远近都要登门递送，表示真诚邀请的心意；现代可以邮寄，但是一定注意不能托人转递，转递是很不礼貌的。

11. 避免误会——如果是请柬外面有信封的情况下，信封要封口吗？

不要全部封口，请柬如果是放入信封应当面送，要注意信封不能全部封口，否则造成又邀客又拒客的误会。

12. 殊途同归——在不同场合你该如何向别人发出邀请？

（1）生日邀请

你十岁生日，妈妈派你送生日宴请柬给你的同学。

你可以这样说："你好，我下周六11：30在同庆酒店举办生日宴，想邀请我最好的朋友来参加。我诚挚地邀请你来，你到时候能够来参加吗？"

（2）家宴邀请

过年了，你家人要邀请亲朋好友来家里聚聚。

你可以这样说："叔叔，给您拜年啦！明天晚上，您和阿姨还有弟弟、妹妹都到我们家一起热闹热闹，让爷爷奶奶也感受一下咱们大家族的力量，您这边一定要安排时间来哦！"

餐桌有礼——如何成为餐桌上的礼仪达人

打电话时，应礼貌地询问："现在说话方便吗？"

（3）旅行邀请

放假了，你计划和同学一起去动物园玩，你准备打电话邀请他一起去。

你可以这样说："小明，我周末去动物园，你有什么别的安排吗？没有的话我们一起去吧！"

13. 委婉谢绝——如果你是被邀约人，在你确实不愿意接受别人的邀请的情况下，如何礼貌拒绝别人的邀请？

（1）提前告知

如果你知道邀请人准备邀请你参加聚会，你可以提前告知对方自己有别的安排，没有时间。

（2）坚定立场

很多的邀请人会再次盛情邀请你，如果你确实不想或不能参加，你要坚定立场，不能摇摆不定，如果到开始之前才说自己不想参加，就会让自己和他人都尴尬。

（3）说清原因

主动说清楚自己不参加聚会的原因，并且诚心诚意地跟邀请人表示歉意。

（4）表达祝愿

第一课 邀约礼仪——拳拳盛意把你请

根据自己的实际情况来拒绝,有的小朋友可能是爸爸妈妈不同意,或者有其他原因,拒绝后要预祝对方这次聚会成功举办。

14. 最常见的送别形式有哪些?

道别、话别、饯别和送行。

看一看 看图学礼

毫无准备地冒失赴约难免会造成各种小尴尬,赴约之前不妨适当做些准备工作,这也可以称为"热身"

邀约的关键是:要等所有人都到位才开始宴会

餐桌有礼——如何成为餐桌上的礼仪达人

赴约前要看看邀请函上面标明的着装要求（dress code），如不了解可以致电主人或餐厅获得更详细的信息。宁愿保守，好过失礼

按目前国际化的标准来讲，被邀请时千万不要早到，但是也不要太迟到。社交场合，比邀请函上规定的时间晚到 15 分钟内的时间都是可以接受的。如果是本人邀请别人，就一定要提前到达，做好招待的准备

第一课　邀约礼仪——拳拳盛意把你请

　　除了参考邀请函上的服装要求外，尽可能了解主人的衣着品位，还有参与宴会贵宾的穿着。若是一般朋友聚餐或普通邀宴，可以穿着较柔和的套装或亮丽浪漫的洋装，再搭配合宜而具女性风格的手提包，将能营造温馨、亲切的聚餐气氛

　　赴宴，千万别随兴而至、任性而为，很可能抢了主人或贵宾的风采

餐桌有礼——如何成为餐桌上的礼仪达人

出现撞衫、撞包的情况也不要过于不好意思，在包上做一些小的装饰就可以了。为了化解尴尬，可以为共同的爱好举杯庆祝一下

舞会邀约

舞会邀约礼仪：

（1）时间节点

舞曲开始后，男士就可以态度大方礼貌地邀请心仪的女士跳舞了。

（2）邀约话术

男士可以彬彬有礼地微微欠身对女士说："您好，能否请您跳支舞？""请问可以请您跳舞吗？"

（3）邀约顺序

一个有绅士风度的男士是不会与其他男士争抢舞伴的，他会遵照"先来后到"的规则耐心等待下一个机会。如果是私人舞会或两个单位举办舞会，按照惯例，从第二支舞曲开始，主人会按照来宾的身份高低依次邀请与其跳舞。男主人邀请女主宾跳舞时，男主宾应主动邀请女主人跳，或及时应允女主人的邀请。男主人邀请次女主宾跳下一支舞曲时，次男主宾应邀请女主人跳。依此类推，来宾要清楚邀约的规则和讲究。

（4）上场退场

跳舞时，应遵循上、下场的规则和惯例，礼貌地对待舞伴。上场时，通常是女士在前，男士在后，由女士选择跳舞地点；下场时，男女舞伴双方应该相互道别再各自离开，或者男士陪送女士回到她的伙伴身边再离开。

唱一唱　童谣吟唱

会邀请

小朋友，爱社交，

懂礼貌，常微笑。

见面时，说你好，

好朋友，互相邀。

明地点，时间表，

寻意愿，主题要。

真诚邀，快乐请，

常来往，增友情。

你邀我，我邀你，

快乐活，校园里！

餐桌有礼——如何成为餐桌上的礼仪达人

玩一玩　寓教于乐

一、游戏《我是邀请达人》

目标：

1. 通过模仿和扮演，给孩子带来一个真实的交际场景，从而提高孩子的交际能力。

2. 通过正确的动作和行为表演示范，让孩子懂得邀请他人的正确方法与行为。

准备：

1. 轻快音乐。

2. 各种聚会主题卡片。

3. 抽签箱。

4. 奖章。

二、游戏过程

1. 提前写好抽签卡片，分为生日、春节、儿童节、读书日、个人音乐会等不同类型的卡片。

2. 孩子抽签决定是在什么场景下邀约。

3. 选一个自己最想邀约的人进行现场邀约。

4. 让被邀约的人回应是否愿意接受邀约，说明为什么同意，或为什么不同意。

5. 邀约成功即算挑战成功。

（为挑战成功的孩子颁发礼仪小达人的奖章）

第一课　邀约礼仪——拳拳盛意把你请

想一想　课后思考

思考一：你的十周岁生日马上到了，妈妈让你自己准备请柬，你该如何设计你的请柬呢？

思考二：你有被别人邀请的经历吗？你对别人的邀约满意吗？如果是你，你该如何邀请呢？

记一记　华礼语录

1. 要想成功，你必须自己制造主动交往的机会，而绝不能愚蠢地坐在路边，等待有人经过，邀请你走上财富与幸福之路。

2. 唯一真正自由的人是能够拒绝宴会的邀请而不用提出理由的人。

——勒纳尔

笑一笑　打歇后语

1. 两次约会不失约——面面俱到。

2. 孙悟空赴蟠桃会——不请自来。

19

餐桌有礼——如何成为餐桌上的礼仪达人

做一做　章节测试

一、单选题

1. 礼仪是以建立（　　　）为目的的各种符合礼的精神及要求的行为准则和规范的总和。

A. 同等关系

B. 和谐关系

C. 平等关系

D. 互助关系

2. 在语言艺术表达中，柔中有刚、外圆内方是（　　　）的表达手法。

A. 委婉法

B. 幽默法

C. 模糊法

D. 暗示法

3. 一般情况下，预约时发生意见不统一时，（　　　）是处理冲突的好方法。

A. 折中法

B. 求同法

C. 竞争法

D. 妥协法

4. 以下哪个选项会阻碍友谊的建立？（　　　）

A. 妒忌

B. 诚信

C. 厚道

D. 尊重

5. 艾伯特·梅拉比安把人的感情表达效果总结成一个公式，为（   ）。

A. 感情的表达 = 语言（38%）+ 语音（7%）+ 表情（55%）

B. 感情的表达 = 语言（7%）+ 语音（55%）+ 表情（38%）

C. 感情的表达 = 语言（7%）+ 语音（38%）+ 表情（55%）

D. 感情的表达 = 语言（55%）+ 语音（38%）+ 表情（7%）

6. 一般情况下，邀请对方打电话的正确语气、语调是（   ）。

A. 气平声谦

B. 气满声高

C. 气平声沉

D. 气缓声舒

7. 通常，谈话时，目光注视对方的上三角，即额头到鼻子的区域，作为（   ）。

A. 学生跟老师和长辈交流时应看的区域

B. 平辈之间交流时应看的区域

C. 与亲戚或朋友交流时应看的区域

D. 注视敌对方时应注视的区域

8. 到他人家里做客，按照礼仪规范要求，应该（   ）。

A. 提早 15 分钟到，以示诚意

B. 事先约好时间，准时到达

C. 迟到一会儿没关系

D. 如有其他重要事项需处理，电话告知后调整拜访时间

9. 以下哪项不属于"热情三到"的内容？（   ）

A. 口到

B. 眼到

C. 耳到

D. 意到

10. 最适合拜访外国友人的时间是？（   ）

A. 上午八点至上午九点

B. 上午十点或下午四点

C. 下午六点至晚八点

D. 晚八点至晚十点

二、多选题

1. 以下选项中属于"倾听的策略"的是（   ）。

A. 与对方目光接触

B. 不打断对方的话

C. 不急于下结论

D. 给予积极的反馈

E. 很快给出自己的观点

2. 在谈话中，良好的倾听可以起到哪些作用？（   ）

A. 鼓励对方

B. 获取信息

C. 加深理解

D. 改善关系

E. 解决问题

3. 以下哪些选项属于教师家访三要则？（   ）

A. 介绍学生在校情况

B. 了解学生在家情况

C. 商讨教育子女方法

D. 向家长告状

E. 批评家长

4. 邀请函以前一般是以纸质或者电子邮件形式制作的，但是现在有了微信，就可以制作一个微信邀请函，其优势有（　　）。

A. 节省纸张，让更多的人体验环保概念

B. 个性化明显

C. 便于在微信圈快速传播

D. 节省时间

E. 配有音乐、动态图片等，更加温馨

5. 关于电话预约基本要领，描述正确的是（　　）。

A. 谈话力求简洁，抓住要点

B. 考虑到交谈时对方的立场

C. 使对方感到有被尊重的感觉

D. 不要有强迫对方的意思

6. 关于谢绝邀约的描述，正确的是（　　）。

A. 谢绝邀约一定注意礼节、礼貌，婉转而真诚地表明自己的态度，并说明原因，切不可模棱两可。务必要早日告知主人，并向对方表示歉意

B. 如果临时不能出席的话，亦须尽快告诉主人。事后，还应当亲自道歉

C. 谢绝邀请应包括以下几个方面的内容：首先感谢对方的盛情邀请，并对不能应邀出席表示遗憾，然后陈述一下不能应邀的原因，最后表示一下希望以后有机会见面或委托他人赴约，表达自己衷心的祝愿，并向邀请人致以诚挚的问候

D. 在谢绝的回函中语气要诚恳，态度应谦恭，这样不仅不失礼仪风范，也能很融洽地解决问题，良好的关系也不会因此受到影响

三、判断题

1. 重要的邀约应尽量采取书面形式，如发请柬，并加以确认。在请柬

上，对将要举行的宴会的具体时间与地点进行明确的通知。若受邀方发现无此项内容，需要打电话了解一下，以免到时候出现差错。（　　）

2. 如果宴会是专门为某些特定对象而举行的，例如洗尘宴会、庆贺宴会、生日宴会、饯行宴会等，则主人在确定宴会具体时间、地点与邀请对象时需要与对方进行友好协商，并且在原则上应当"主随客便"。（　　）

第二课

赴宴礼仪
——落落大方去赴宴

在我们日常交往中,如果有朋友邀请我们前去赴宴,理当感受到莫大的荣幸!可是,如何赴宴,也是一门学问。你知道需要注意着装的正式吗?你习惯提前出发吗?你可以准时到达吗?你准备小礼物了吗?等等,不一而足。那么,请阅读本章节,了解相关知识,然后,落落大方地前去赴宴吧……

餐桌有礼——如何成为餐桌上的礼仪达人

引语：

《论语》有云"食不言，寝不语"，反映着我们流传千年的礼节，讲的就是在用餐时要注意态度恭敬，进餐动作皆有威德、有仪则，要有仪式感。北宋时期有一位名气非常大的政治家、文学家范仲淹先生，据说他在选拔贤才时，通常会和对方吃一顿饭，在用餐时"观其形，知其人"，观知对方的心性，从而考量对方的性格涵养，他的"知人善用"也是轰动一时。由此可见，用餐礼仪在我们人生中占据着多么重要的位置。

"临之于桌而观其吃相，醉之以酒而观其行为。"

"听其言，观其行，知其心，感其象。"

入营须知：

两根筷子，一阴一阳定乾坤；

一个饭碗，亦天亦地端自在。

一双筷子两个人，

两只饭碗一个家。

读一读　古语导读

1.《礼记·曲礼》节选

礼尚往来，往而不来，非礼也；来而不往，亦非礼也。

导读：

在我们的日常生活中往而不来是没有礼貌的行为；来而不往也是没有礼貌的行为。自古以来，讲礼仪需要双方是对等的关系，只有一方有礼貌是不能称为礼仪的，也就失去了礼的意义。

2.《鸿门宴》节选

君王为人不忍。若入前为寿，寿毕，请以剑舞，因击沛公于坐，杀之。不者，若属皆且为所虏。

导读：

秦亡后项羽与刘邦争夺天下，有一次项羽请刘邦吃饭，其间项羽的谋士范增安排项庄舞剑杀掉刘邦，范增这样说道："君王为人心地不狠。你进去上前为他敬酒，敬酒完毕，请求舞剑，趁机把沛公杀死在座位上。否则，你们都将被他俘虏。"

这样的赴宴充满危机与埋伏，提前了解情况可以机智地拒绝，避开危机。

餐桌有礼——如何成为餐桌上的礼仪达人

听一听 故事案例

案例一：虎公主的生日宴——增长见识

森林里，虎公主马上要过 8 岁生日啦，她提前邀请了好朋友小花鹿参加她的生日宴。小花鹿当然非常开心啦，因为她想森林王宫里一定有很多好吃的、好玩的，于是满心期待。到了虎公主生日那天，她早早就蹦蹦跶跶地出门了。

一出门遇见大白鹅阿姨，大白鹅阿姨看到小鹿这么开心，就问她："你要去哪里啊？"

小花鹿说："我要去参加虎公主的生日宴会啊！"

大白鹅阿姨问她："那你给虎公主带的什么礼物啊？"

小花鹿一怔，小声地说："啊？还要带礼物吗？"

大白鹅阿姨说："那是当然的啦，你去参加虎公主的生日，要去祝贺啊，不带礼物怎么行呢？"

小花鹿赶忙朝礼品店跑过去，一边跑一边喊："谢谢大白鹅阿姨！"

跑到礼品店，小花鹿为虎公主挑选了一个漂亮的花环，然后开开心心地朝王宫跑去。路上又遇到了大雁姐姐，大雁姐姐看到小花鹿手里拿着这么漂亮的花环便问她："你要去哪里啊？"

小花鹿开心地说："我要去参加虎公主的生日宴啊！"

大雁姐姐说："你去参加生日宴，怎么就穿运动服去呢？"

小花鹿说："穿运动服不可以吗？"

大雁姐姐说："那当然啦！参加这样隆重的宴会，为了体现对主人和宾客的尊重，应该穿优雅的裙装出席才更加合礼！"

第二课　赴宴礼仪——落落大方去赴宴

小花鹿一听，冒了一身冷汗，没想到参加一个宴会还有这么多讲究！她赶快跑到附近的服装店买了一件裙子穿上。小花鹿飞奔着向王宫跑去。可是到达皇宫的时候，宴会已经开始了。小花鹿非常不好意思地找到虎公主，说："真是不好意思，我来晚了！祝你生日快乐，这是送给你的礼物！"

虎公主非常开心地说："谢谢你，小花鹿！你的礼物我很喜欢，看到这么漂亮的你，我也非常开心！"

小花鹿参加完宴会，在回家的路上开心地笑了，心想："今天真是美好而又有收获的一天啊！"

提问：

1. 小花鹿在赴宴的路上都遇到了谁？
2. 她们为小花鹿赴宴提供了哪些帮助？
3. 小花鹿在今天的宴会上收获了什么？

案例分析：

小花鹿在接到邀请之后，心里想到的是宴会的美食与玩乐，却没有想到作为客人，应该为本次宴会做哪些准备，考虑自己的着装以及代表生日祝福的礼物。她在路上遇到大白鹅阿姨和大雁姐姐，经过她们的提醒才想起这些。虽然临时做了准备但还是迟到了，不过她真诚地道歉也得到了虎公主的原谅。通过这次赴宴能够懂得：不同场合的着装体现了对在场每一个人的尊重，相信下次小花鹿一定会做得更好。

案例二：苏轼吟诗赴宴——巧妙破计

苏轼二十岁的时候，到京师去科考。有六个自负的举人看不起他，决定备下酒菜请苏轼赴宴，然后在宴席上戏弄他。苏轼接邀后欣然前往。入席后大家尚未动筷子，一个举人提议行酒令，酒令内容必须引用历史人物和事件，这样就能独吃一盘菜。其他五人拍手叫好。

"我先来。"年纪较长的说，"姜子牙渭水钓鱼！"说完捧走了一盘鱼。

"秦叔宝长安卖马!"第二位神气地端走了马肉。

"苏子卿贝湖牧羊!"第三位毫不示弱地拿走了羊肉。

"张翼德涿县卖肉!"第四位急吼吼地伸手把肉扒了过来。

"关云长荆州刮骨!"第五位迫不及待地抢走了骨头。

"诸葛亮隆中种菜!"第六位傲慢地端起了最后的一盘青菜。

菜全部分完了,六个举人兴高采烈,正准备边吃边嘲笑苏轼时,苏轼却不慌不忙地吟道:"秦始皇并吞六国!"说完他把六盘菜全部端到自己面前,然后微笑道:"诸位兄台请啊!"

提问:

1. 苏轼赴宴,六位举人建议行酒令的目的是什么?
2. 如果你是苏轼,面对六位举人的刁难你会怎么做?

案例分析:

苏轼是我国古代一位非常著名的文学家,年轻时还未展鸿图的时候遭到一些小人的无礼对待,而苏轼不卑不亢,并且机智地化解了自己的僵局,使对方再不敢无礼。他维护了自己的尊严,体现了礼仪的另外一个层面的精神内涵,正如哲人所言:善良只是做人的底线,而不是他人的工具。

案例三:达尔文赴宴——巧妙赞美

世界著名生物学家达尔文先生有一次应邀赴宴,宴会上,他恰好和一位年轻美貌的女士并排坐在一起。

"达尔文先生,"坐在旁边的这位美女用带着戏谑的口吻向科学家提出疑问,"听说你断言,人类是由猴子变来的。我也是属于你的论断之列吗?"

"那当然喽!"达尔文看了她一眼,彬彬有礼地答道,"不过,您不是由普通的猴子变来的,而是由长得非常迷人的猴子变来的哦。"

提问:

1. 你知道达尔文赴宴的趣事吗?

2. 如果你是故事中的女士，你喜欢这样的回答吗？

3. 你在赴宴的时候赞美过别人吗？

案例分析：

这位女士很明显在对达尔文的理论进行挑衅，面对这样的态度，如果处理不好很容易造成尴尬和不快，达尔文用智慧的回答化解矛盾的同时对对方进行赞美，化干戈为玉帛。我们经常在餐桌上看到小朋友因为各种原因争吵与哭闹，其实对于这种情况都可以用更好的方式来处理。老子《道德经》中讲"做人如水"。退让与赞美反而让自己显得更为机智与有礼。

教一教　华礼观点

1. 了如指掌——接受到别人的赴宴邀请时，我们需要了解哪些宴会的有关事项呢？

（1）参加宴会的时间。

（2）参加宴会的地点（酒店位置、楼层、房间号等具体信息）。

（3）和谁一起用餐。

（4）什么性质的宴会（家宴、生日宴、朋友聚会等）。

（5）宴会后是否有其他活动安排。

2. 如期而至——赴宴不迟到是最基本的礼貌，那么在什么时间段到达比较合适呢？

一般在宴会开始前 15~20 分钟到达即可，因为到太早主人还没有准备好，容易给主人造成压力，而导致尴尬。

3. 随机应变——如果临时有事不能如约赴宴，怎么办？

如果没有不得已的原因，不可以随便取消；如果有无法克服的原因，一定要坦诚地向对方说明，并主动提出下次由自己来请对方赴宴。

4. 服装得体——可以蓬头垢面、衣着随意地参加宴会吗？

这是不可以的。不加任何修饰，甚至仪容不洁、着装不雅，则会被视为不尊重主人，不重视此次聚餐或宴请。总的仪容要求是整洁、优雅、个性化，也要根据宴会性质来调整着装。如参加家宴，可着活泼、舒适、喜庆的服装；如去吃西餐，则男士着衬衫、女士着优雅的裙装。

分析自己的身材及品位，挑选吻合个人气质风格的品牌，再依场合的需求做调整

在不同的场合，表现应有的穿着仪态，不失礼仪，也不喧宾夺主

5. 洗耳恭听——在正式宴会开始前，主人与主宾大都要先后致辞，这时我们应该注意哪些礼节呢？

当主宾致辞时，参加宴会的人员务必要专心致志地听。此刻开吃、与人交谈或是打打闹闹都是缺乏礼貌的，这时离开座位更加会让人感到不悦。

6. 请多关照——由于自身原因对用餐有特定要求，是否需要让主人知晓？

虽然宾客用餐的特殊要求是主人需要提前了解的，不过如果主人疏忽没有问到的话，自己也可以主动私下找机会告诉主人。

7. 嘘寒问暖——你能说出赴宴见到客人时的三种问候方式吗？

当小朋友们主动、大方地开口问候的时候，一定会让大家觉得他们非常有礼貌。问候方式有以下几种。

（1）直接问候，如"你好！""早上好！""晚上好！"等。

（2）间接问候，如"你好，见到你很高兴！""亮亮，好久不见！""姐姐，咱们又见面啦，真开心！"等。

（3）节日问候，如"春节快乐！""中秋快乐！""元宵节快乐！"等。

8. 礼尚往来——参加所有的宴会都需要带礼物吗？

亲朋好友讲究礼尚往来，收礼者应还情于送礼者。一般来说，选择重要的喜庆节日、寿诞送礼为宜，送礼者既不显得唐突、虚套，受礼者收礼也显得心安理得，两全其美。

9. 知止而定——到达餐厅后，可以随意地在餐厅里捉迷藏、嬉戏打闹吗？

由于餐厅属于公共场所，我们要共同维护秩序，不可以嬉戏、喧哗。餐厅随时会有服务人员上菜，小朋友们追逐打闹除了影响其他客人用餐，还可能导致意外发生，因为服务员端着热菜来回躲避是比较困难的。

10. 客随主便——在赴宴时，客人是否可以随意自取酒水或饮料呢？

有一种情况是可以的，就是吃自助餐的时候。其他情况尽量依照主人的安排，切勿喧宾夺主，给人以贪婪的印象。

11. 注意事项——去主人家里赴宴，你能做到以下三件事吗？

（1）进门询问主人是否换鞋。

（2）不经过主人同意不可随意参观客厅以外的其他房间，不可以随便翻看房间内的物品。

（3）主动询问主人是否需要帮助准备餐食，用餐结束一起洗刷餐具。

12. 智者守序——吃自助餐的时候需要排队吗？

吃自助餐是需要排队的。按照先来后到的原则排好队，取菜前准备一个餐盘，排队取餐，不要在繁多的食物前犹豫不决，让别人久等，更不应该反反复复、挑挑拣拣，把夹出来的菜再放回去。

13. 量入为出——吃自助餐的时候，是不是拿得越多越好呢？

在享用自助餐的时候，食物是不限量的，但是浪费食物是绝对不允许的，因此，要遵循"多次少取"的原则。另外，盘子里的菜品不宜太多，否则会导致五味杂陈，互相串味儿。

14. 共同离场——当你自己用餐结束后，会先行离桌还是等大家一起用餐完毕再离开呢？

当自己已经用完餐，如果能够耐心、安静地等待其他人一同用完餐再离开，会让大家觉得这个人非常懂礼貌。如果有事要离开，一定要向同桌的长辈们说明你已吃好了，请大家继续用餐，你有事先离席了。

15. 皆大欢喜——用餐结束后，你是否会感谢主人的热情招待呢？

用餐结束后，对于主人的热情与付出要表达真诚的谢意，以示礼貌，增进彼此感情。

第二课　赴宴礼仪——落落大方去赴宴

看一看　看图学礼

只要迟到了，不管什么原因，都要为迟到的行为向主人表示歉意（中度鞠躬——话术："对不起。""都是我的错。""让您久等了。"）

赴家庭宴会，让孩子养成进门就换鞋的习惯

餐桌有礼——如何成为餐桌上的礼仪达人

在宴会正式开始前，主人与主宾大都要先后致辞，如果孩子是主角，大人可以先站起来，引导性致辞，孩子站在旁边等待

在宴会正式开始前，小主人可以在大人发言后致辞，也可以直接致欢迎词（比如是自己的生日宴会）

唱一唱 童谣吟唱

赴宴歌

朋友好，邀赴宴，

回信快，谢邀请；

第二课　赴宴礼仪——落落大方去赴宴

选礼物，整仪容，
准时赴，显重视；
微笑礼，人人爱，
见面时，问声好；
座次排，随主便，
多倾听，多赞美；
勿多言，勿随意，
不乱跑，不打闹；
全餐完，再离席，
愉快聚，习惯好；
小淑女，小绅士，
懂礼貌，气氛好。

玩一玩　寓教于乐

游戏场景：

小朋友要参加宴会，因没有提前做好准备，临近赴宴的时候又是找衣服，又是到处找礼物，结果耽误了赴宴。

场景一：房间里有一个表，显示上午 10：00，一个小朋友刚刚起床，脑子里在想：宴会开始时间是 12：00……

场景二：小朋友在衣柜里翻衣服，房间里散落了一堆衣服。

场景三：从玩具箱里找礼物。

场景四：小朋友慌乱地穿好衣服，选好礼物准备出门的时候，墙上的表已经显示 12：00 了，小朋友一脸失落。

餐桌有礼——如何成为餐桌上的礼仪达人

想一想　课后思考

思考一：你能说出三种用餐结束之后的道别语吗？

思考二：等待上餐好无聊，有哪些方法可以使我们礼貌有序地度过这段时间呢？

思考三：参加长辈的生日宴，带什么礼物比较好呢？

思考四：你能说出三种以上赞美主人做的饭菜可口的语句吗？

思考五：你能说出三句以上感谢主人热情招待的话吗？

记一记　华礼语录

1. 赴而不宴，犹如言而无信。

2. 赴鸿门宴，凶多吉少；无礼出门，有来无回。

3. 赴宴要准时，好似钟表；做人要守信，犹如发条。

4. 赴鸿门宴，当随机应变；赴宴亲朋，当客随主便。

5. 赴宴须出门检查，宴客就餐勿流连。

6. 迟到说明有技巧，妙龄女郎矜持好。

7. 准时赴宴给别人方便，提前出门给自己时间。

8. 赴宴是给别人面子，回请是给自己台阶。

9. 赴宴须准时到场，宴请亲朋礼尚往来。

10. 赴宴须问清目的，邀约要说明地址。

笑一笑　打歇后语

1. 见人先作揖——礼多人不怪。

2. 吹鼓手赴宴——吃的胀气饭。

3. 关公赴宴——单刀直入。

4. 鸿门宴上——杀机四伏。

5. 苍蝇赴宴——不请自来。

6. 妲己子孙赴宴——现了原形。

7. 蜗牛赴宴——不速之客。

8. 贪婪鬼赴宴——贪吃贪喝。

做一做　章节测试

一、单选题

1. 与人握手时，以下哪项做法是正确的？（　　　）

A. 目光注视对方，以表示对对方的尊重

B. 目光闪烁不定

C. 目光转向别处

D. 看哪里都行，只要热情就好

2. 在社交活动中，作为下级和晚辈，在与上级或长辈握手时，一般采用（　　）。

A. 支配式

B. 平等式

C. 顺从式

D. 政治家式

3. 在国际礼仪中，男女之间握手的基本礼节是（　　）。

A. 男士先伸手，女士后伸手

B. 女士先伸手，男士后伸手

C. 男士和女士同时伸手

D. 男士和女士谁先伸手都可以

4. 在社交活动中，介绍他人时，应该先介绍（　　）。

A. 职位高的人

B. 长辈

C. 女士

D. 男士

5. 在交换名片时，应该（　　）。

A. 双手递出自己的名片

B. 递出名片时，字体正对自己

C. 接过对方的名片就马上收起来

D. 单手递出自己的名片

6. 在电梯中，符合礼仪的做法是（　　）。

A. 热情地高声寒暄

B. 吃早点

C. 抓紧时间进入，面朝门站立

D. 面朝里站立

7. 在走廊中引导他人的方法是（　　　）。

A. 在客人两三步之前，配合其步调，请客人走在内侧

B. 走在客人后面

C. 与宾客并排行走，寒暄

D. 根据需要左右逢迎

8. 女士携带的小手提包，在参加宴会就餐期间应（　　　）。

A. 放在背部与椅背之间

B. 挂在自己椅子的靠背上

C. 放在餐桌上

D. 挎在手上

9. 你去别人家做客，离开时请主人勿送应说（　　　）。

A. 拜托　　　B. 奉还　　　C. 留步　　　D. 劳驾

10. 很久不见一个朋友，见面后应说（　　　）。

A. 久违

B. 幸会

C. 恭候

D. 久仰

11. 在参加社交聚会时必须十分注重礼仪，请问下列哪种礼仪是正确的？（　　　）

A. 男宾进入聚会场所时，应主动先向先行到达的男宾问候

B. 男宾问候已就座的女士时，女士不必起身还礼

C. 女宾进入聚会场所时，应主动先向先行到达的女宾问候

D. 在聚会上，女士吸烟时，男宾应委婉地加以劝阻

二、多选题

1. 讲礼仪是一种习惯，而习惯的养成不是与生俱来的，需要（　　　）。

A. 谆谆的教导

B. 时时的提醒

C. 严格的训练

D. 养成良好的习惯

E. 不用训练，只要自觉

2. 握手有先后伸手的规矩，（　　）。

A. 晚辈与长辈握手，长辈应先伸手

B. 男女之间握手，女士应先伸手

C. 男女同事之间握手，男士应先伸手

D. 主人与客人告别时，一般是客人先伸手

E. 电视节目主持人邀请专家、学者进行访谈时握手，主持人应先伸手

3. 介绍两人相识的顺序一般是（　　）。

A. 先把上级介绍给下级

B. 先把晚辈介绍给长辈

C. 先把男士介绍给女士

D. 参与活动时，先把与会嘉宾介绍给主办方

E. 客人来访，先把客人介绍给家人

4. 正确递名片的方法是（　　）。

A. 轻轻行礼后，一边报出自己的姓名，一边将名片正面朝向客人，双手递过去

B. 交换名片时，要站立进行

C. 原则上从地位较低的人开始

D. 名片夹中常备有干净的名片

E. 接受对方的名片时必须用双手接过来

5. 使用名片的忌讳是（　　）。

A. 胡乱散发

B. 逢人便要

C. 给别人一张弄脏的名片

D. 当面读出名片上的姓名

E. 收藏不当，玩弄名片

6. 宴请外宾"四不准"包括（　　）。

A. 不夹菜

B. 不出声

C. 不劝酒

D. 不露齿

E. 不露富

7. 商务送礼和商务宴请往往流程相连，有着约定俗成的规矩，送给谁、送什么、怎么送都很有讲究，绝不能瞎送、胡送、滥送。请问，商务送礼应把握哪些基本原则？（　　）

A. 礼物轻重得当

B. 送礼间隔时间适宜

C. 了解风俗禁忌

D. 礼品要有意义

三、判断题

1. 在星级饭店里发现桌上的餐具不干净，要立即自行擦拭，以免影响进餐。（　　）

2. 餐巾主要是用于防止弄脏衣服，兼擦嘴及擦去手上的油渍，可摊开后放在大腿上，也可挂在领口，以防弄脏衣物。（　　）

3. 男士赴宴或者出席比较重要的场合，腰带上一定要少挂钥匙等东西。（　　）

4. 自助餐是目前国际上通行的一种正式的西式宴会的形式。（　　）

5. 就餐时彼此可以让菜，必要时可以为客人夹菜。（　　）

6. 使用餐巾时，可以用餐巾来擦拭餐具。（　　）

7. 用西餐时，吃蔬菜都要用刀叉取食，不能用手取食。（　　）

8. 享用自助餐应遵守"少取多次"的基本原则，还要注意不围在餐台边进食。（　　）

9. 去高档餐厅时女士一定要穿带跟的鞋子。（　　）

10. 刚端上饭桌的汤很烫，为了降温，也为了安全，可以先用嘴吹一吹，不太烫了再喝。（　　）

第三课

座次礼仪
——客客气气把座让

  俗语有言:"腿肚子靠门,从不得罪人。"无论是便宴还是家宴,最讲究的一个老礼就是按规矩安排席位,主宾尊幼座位的安排各有说法。中国餐桌礼仪中对于桌次与座次的安排非常有讲究,如果你不懂礼,将会给自己的人际关系造成伤害而不自知,因为,决定你座位的不是你的臀部,而是你的修养……

餐桌有礼——如何成为餐桌上的礼仪达人

引语：

衣食既足，礼让以兴。

次序既定，座次有尊。

《弟子规》有讲："长者立，幼勿坐。长者坐，命乃坐。"古人早已把座次礼仪告诉我们了，可是对于一些场合，比如会议座次、餐桌座次、升旗仪式时的护旗手位置、运动会上的跑道站位、和老师谈话时的方位等，稍不注意，就会失礼。

入营须知：

讲礼仪，循礼法；

观其位，知其人；

重座次，崇礼教；

依先后，守顺序。

读一读　古语导读

古语一：

或饮食，或坐走，长者先，幼者后。——《弟子规》

导读：

不论用餐、就座还是行走，都应该谦虚礼让、长幼有序，让年长者优先，年幼者在后。

现在的家庭大多只有一个孩子，几代人围着一个孩子转，家人有什么好吃的、好用的，总是首先想着孩子。这样长期下去，就助长了他们自私自利习性的养成，以致孩子认为这是理所当然的，不知道要礼让长辈，认为自己是老大，使孩子养成了坏习惯。很难想象，一个自私自利、连自己的父母都不放在心上的人，怎么可能为别人着想，将来怎么可能得到大家的尊重而获得真正的幸福和成功呢？所以，不要因为大人的溺爱，而忽略了从小培养孩子礼让的美德。

古语二：

长者立，幼勿坐。长者坐，命乃坐。——《弟子规》

导读：

长辈如果站着，我们绝对不可以坐，因为这是非常无礼的。即使是长辈不坐，我们也不能坐。当长辈坐下来了，吩咐我们也一起坐时，我们才可以坐下来。如果长辈没让我们坐，那我们就要侍奉在长辈旁边，服务于长辈。

这是一项非常重要的社交礼节。我们参加聚会时，大家都有这样的感受，譬如说有家长带孩子来时，一群孩子碰到一起，如果小孩没有受到约

餐桌有礼——如何成为餐桌上的礼仪达人

束，往往就会在屋子里毫无顾忌地东跑西跑、大声喊叫，非常没有礼貌，给人的感觉是很没有家教。这是什么原因呢？就是孩子从小父母没有教过他这些应对进退的基本礼节。

听一听 故事案例

案例一：位次不适，气走演员

中国某市与英国某市结成友好城市，在当地有名的饭店举办大型中餐宴会，同时邀请了当地著名的歌唱演员阿美前来助兴。

阿美应邀按时来到饭店，发现场面很大，有二十多桌，每桌都布置得很精致，桌上有座位卡，写着所有来宾的名字。她优雅地朝着主桌方向走去，迎面碰上了同行阿伟，说道："阿伟，你好！很高兴在这里见面，你坐哪儿啊？"阿伟指着第二桌说："我坐在这儿呢，你的座位卡不在这里，会不会在主桌上呢？今天你可是重量级嘉宾。"阿美笑着说："一样的，大家都是嘉宾……"阿美的眼睛自然朝着主桌看了过去，可是桌上没有她的座位卡，她有点纳闷了……这时工作人员过来，看了阿美的请柬，就与她一起对着座位卡寻找，费了好长时间才在较远的一张桌上找到阿美的姓名牌。

当阿美入座后发现，这桌的客人都是接送嘉宾的司机。这时有位司机认出了阿美，激动地问："您是阿美吗？真是太荣幸了，能与您同桌吃饭。您唱的歌我们全家都喜欢呢。"说着，还哼起了阿美的成名曲。这时，一个司机小声问边上的朋友："这个可是名演员呢，怎么会被安排到我们这桌呢？嘉宾不是都在前面吗？"朋友说："不知道哦，或许是临时增加的客人吧。"

阿美听了，心里很不舒服，感觉自尊心受到了伤害，看了下全场，邀请的嘉宾都在离主桌比较近的座位上，唯有她被安排在离主桌较远的座位。看到全桌的人都在窃窃私语，虽然有好几个司机朋友见到她很兴奋，想要同她合影留念，可她已没了兴致，找了个借口离开了座位，没有同任何人打招呼就悄悄离开了饭店。

当时，宴会的组织者并未察觉到阿美已经离开了，直到宴会主持人邀请这位演员演唱时，才发现演员并不在现场。幸好主持人头脑灵活，临时改换了其他节目，才算没有冷场。

提问：

1. 你们说阿美为什么会心里不舒服？她不打招呼就离开对吗？
2. 如果你是宴会的组织者，你会这样安排吗？为什么？
3. 阿美这个身份应该坐在哪里合适呢？

案例评析：

中餐位次的一般原则是：以远为上，面门为上，以右为上，居中为上，观景为上，靠墙为上。这次宴会上，阿美因受冷落感觉不舒服，不打招呼就走了是不合适的。但组织者将专请的演员贵宾与一般的客人安排在一起就餐，使得演员贵宾未能享受到应有的礼遇，更不合适。阿美作为特邀嘉宾，应将其安排在靠近主桌的嘉宾席上，以示尊重。

案例二：中秋家宴

中秋节到了，小刚家做东，将兄弟姐妹各家都请来一起过节，好热闹。因为人较多，便另外摆了一桌让孩子们坐。小刚的年龄比其他的孩子年龄大了一点儿，想跟大人坐，就跟妈妈央求："妈妈，我已经长大了，我可以和大人坐一桌了。"妈妈笑着说："小刚，你还小，等你长了胡子，就可以跟大人一块儿吃喝了。再说，今天亲戚多，你们孩子单独坐一起，没办法与大人一桌。"小刚只好不情愿地坐到孩子那桌去。

菜真香啊，小刚家的猫被吸引过来。小刚没好气地冲着猫说："猫咪，你已经长了胡子了,别在这桌待着,上大人那桌吃去!"猫咪吓得一溜烟跑了。爸爸听了哈哈大笑,小刚脸红了,不好意思地摸摸脑袋,也笑了。

提问:

1. 小刚能坐到大人桌吗?为什么?

2. 小刚为何会对猫咪那样说话呢?如果你家里请客,人多时,你会如何做呢?

案例评析:

家里请客人多,小刚肯定不能坐到大人桌。因为在中餐礼仪中,要注意做到以下两点。

1. 先请长辈入座。无论家庭成员有多少,都应让长辈坐在上座。长辈或客人还没全部入座前,晚辈是绝不能自己先入座的。

2. 同辈礼让入座。如果是同辈人,可以同时入座,但一定要做到礼让。如果在其他场合,就请资历最老的人入座,然后再按照资历往下排;如果在学校,先请老师入座,然后才是自己坐。

教一教　华礼观点

1. 长幼有序——吃饭时,小朋友与长辈应该谁先入座?

长辈先入座。普通家庭宴会中,应先让德高望重的爷爷、奶奶入座,然后是爸爸、妈妈,最后才是小朋友。如果长辈年老体弱,行动不便,应搀扶着他们入座。

2. 尊者为上——妈妈为儿子哲旭过十岁生日,在家设宴邀请姑姑一家来吃饭,哲旭能坐主位吗?

这种情况是可以的。此时哲旭是小寿星,在家宴中可以坐在主位上。

在正规宴会场合，面门居中的位置为主位，主左宾右分两侧而坐；或主宾双方交错而坐；越近首席，位次越高；同等距离，右高左低。

3. 主次分明——爷爷八十大寿，爸爸在家设了两桌寿宴，爷爷该坐哪里呢？

当两桌横排时，面对正门右边的桌子是主桌，爷爷应坐在右边桌子的主位上；当两桌竖排时，距离正门远的那张桌子为主桌，爷爷应坐在靠里边桌子的主位上。

两桌的小型宴请

4. 井井有条——去参加大型酒会时，能准确判断出主桌位置吗？

遵循"面门为上""以右为上""以远为上"的规则。距离主桌越近，桌次越高；距离主桌越远，桌次越低。

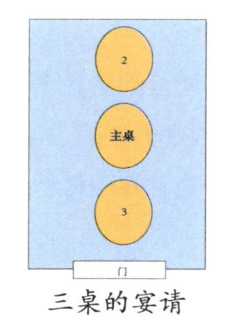

三桌的宴请

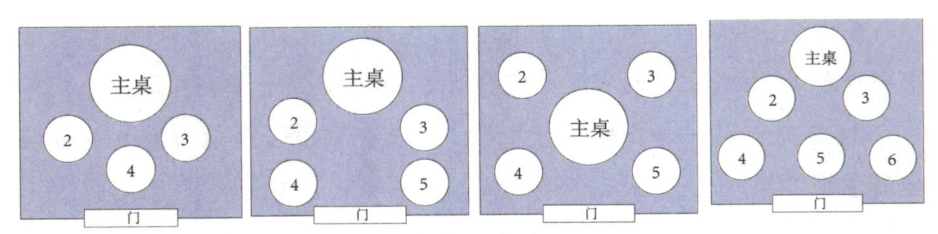

餐桌有礼——如何成为餐桌上的礼仪达人

多桌的宴请

5. 以右为尊——周末妈妈在家请小姨吃饭,两人并排就餐时,小姨坐在哪儿合适?

小姨应坐右边。两人一同并排就座,通常以右为上座,以左为下座。

6. 面门为上——爷爷从老家来,爸爸与爷爷在餐厅面对面入座,爷爷应坐在哪儿?

爷爷应面朝餐厅正门就座。面对正门的座位是上座,背对正门的座位是下座。

7. 居中为上——爸爸带哲旭到小姑家做客,哲旭说爸爸要坐在三人中间,对吗?

对。三人一同就座用餐,坐在中间的人在位次上高于两侧的人。

8. 观景为上——妈妈过生日,爸爸带全家到餐厅吃饭,所订的房间正好可观赏到餐厅的花园,小朋友,你说此时妈妈应坐在哪儿呢?

妈妈应坐在观赏角度最好的座位。在高档餐厅用餐,窗外往往有优美的景致或室内有高雅的演出供用餐者欣赏。这时候,观赏角度最好的座位是上座。

9. 靠墙为上——哲旭随爸爸到老家看爷爷,姑姑请大家到旁边的小餐馆吃饭,这时爷爷要坐在哪儿呢?

爷爷要坐在靠墙的位置。通常在中低档餐馆用餐时,以靠墙的位置为上座,靠过道的位置为下座。

10. 一目了然——当你跟爸爸妈妈去参加他们朋友孩子的结婚宴席时,发现每张桌子上都有座位卡,让他们可以很快地找到自己的座位,

是不是很方便呢？

在每位来宾所属座次正前方的桌面上，事先放置字体醒目的个人姓名座位卡。座位卡的两面都要书写用餐者的姓名，以便同桌人更好地沟通与交流。举行涉外宴请时，座位卡应以中、英文两种文字书写，中文在上，英文在下。

11. 恭敬主宾——汤姆教授来家里做客，爸爸以西方用餐方式在家接待汤姆教授，爷爷能坐在第一主宾位吗？

第一主宾位应该由汤姆教授坐。在西餐中，主宾极受尊重。即使用餐的来宾中有人在地位、身份、年纪方面高于主宾，但主宾仍是主人关注的中心。在排定位次时，应请男、女主宾分别紧靠着女主人和男主人就座，以便进一步受到照顾。

12. 女士优先——爸爸妈妈邀请约翰老师夫妇、威廉同学夫妇到西餐厅吃饭，妈妈和两位夫人分别要坐在哪儿呢？

妈妈作为女主人，要坐第一主位；约翰夫人作为女主宾，应坐在爸爸右侧，威廉夫人坐在爸爸的左侧。在西餐中，要注意以下规则。

（1）女士优先。主位一般应请女主人就座，而男主人坐第二主位。

（2）以右为尊。应安排男主宾坐在女主人右侧，安排女主宾坐在男主人右侧。

（3）面门为上。有时又叫迎门为上。面对餐厅正门的位子的尊贵程度要高于背对餐厅正门的位子。

（4）距离定位。离主位近的位子的尊贵程度高于距主位远的位子。

（5）交叉排列。男女应当交叉排列，生人与熟人也应当交叉排列。要求用餐者最好是双数，并且男女人数各半。

13. 规矩方圆——西餐的方桌座次和长桌座次安排是一样的吗？

长桌排位一般有两个主要办法：一是男、女主人在长桌中央对面而坐；二是男、女主人分别就座于长桌两端。

方桌排列位次时，就座于餐桌四面的人数应相等。在一般情况下，一

餐桌有礼——如何成为餐桌上的礼仪达人

桌坐8人，每侧各坐两人。在进行排列时，应使男、女主人与男、女主宾对面而坐，所有人均各自与自己的恋人或配偶坐成斜对角。

14. 男女有别——在家采用西方用餐方式接待客人，男、女主人应该怎么坐？

采用家庭式排座方式。首先，男、女主人要排在桌子的两端；男主人面对客人进门方向（便于招呼和接待客人），女主人面对厨房方向，用眼神或手势指引服务人员上菜等。圆桌排座同样如此。

15. 待客有道——在家以西方用餐方式接待新婚的杰克夫妇，杰克夫妇要分开就座吗？

杰克夫妇应坐在一起用餐。西餐礼节中，结婚在一年以内的，应安排在一起就座用餐，若结婚时间已经超过一年，则应采用交叉排列的方式就座用餐。

看一看　看图学礼

女性入座的步骤

1. 要先迈外侧脚。
2. 两脚并拢。
3. 双手抚裙摆，用手扶住椅子边沿、侧面或者椅背，从前往后坐，坐

第三课　座次礼仪——客客气气把座让

椅子的三分之二。

4. 双手斜向一面，或者放于两腿中间前方位置，脚尖要朝外，整理好裙子。

5. 右手压在左手上，双手放在裙摆上，挺直上身。

注意：

1. 膝盖处永远呈直角，背和椅子水平面永远呈直角。

2. 离座时要自然稳当，右脚向后收半步，而后站起。

3. 如果累了，可以将双手静静按住椅子往后挪，不要坐着拖动椅子，背尽量挺直。

请人入座，可在椅子正后方，更为正式。手腕伸直，手指并拢，面带微笑，掌心示人。请人入座，可在椅子侧面或侧后方，更为亲切。

男士入座的要点

1. 坐正，上身挺直，双肩平正、放松。

2. 两臂自然弯曲，双手分别放在双膝上，亦可放在椅子或是沙发扶手上，注意掌心应向下。

3. 脚态可取小八字步或稍分开以显自然、洒脱之美，但不可尽情打开腿脚，那样会显得粗俗和傲慢。

4. 与女士坐姿不同，男士落座后不宜双手叠放在一起，那样会显得不大方，缺少阳刚之气。

5. 两膝间可分开两拳左右的距离，双腿也不要并拢，双脚分开比肩稍窄。

一、中餐座次

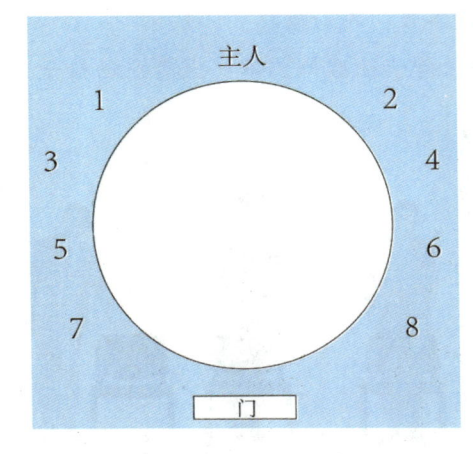

只有一个主人的位次　　　　　　有男、女主人在场的位次

二、西餐座次

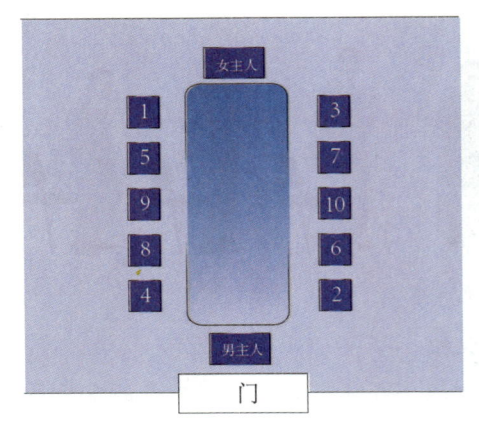

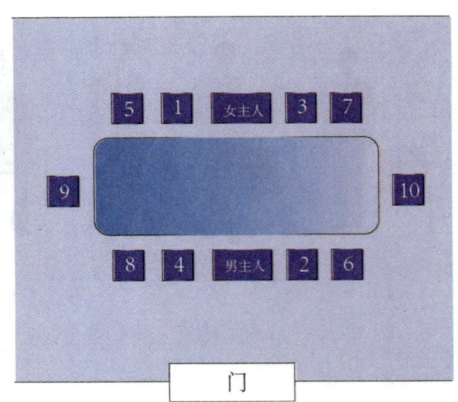

第三课 座次礼仪——客客气气把座让

唱一唱 童谣吟唱

进餐歌

吃饭前，洗净手，

爸妈忙，应等候；

不挑食，不霸食，

闭嘴嚼，慢慢吃；

爱粮食，不浪费，

有好菜，敬长辈；

吃饭后，擦净嘴，

漱清口，椅放回！

玩一玩 寓教于乐

游戏《今天我生日》

目标：

通过模仿和扮演，给学生带来一个真实的用餐场景，让学生知道如何邀请老师、长辈入座，座次排列应该怎样体现尊重。

准备：

一张圆桌，学生若干，分别扮演家长、老师和同学。

餐桌有礼——如何成为餐桌上的礼仪达人

玩法：

1. 一位同学今天过生日，他的家长请来了老师及部分同学到家里参加他的生日宴会。

2. 家长准备好饭菜了，这位同学要请家长、老师及同学入席。

3. 说一说邀请各人入席的先后顺序及座次排列位置。

想一想　课后思考

思考一：在同学聚会中，你邀请了老师来一起就餐，作为主人的你要如何安排座位呢？说说你知道的座次礼仪。

思考二：在家里举行家宴与在外面举行宴会，座次安排有什么区别？是否一成不变呢？

思考三：小朋友在用餐时该如何去邀请长辈入座？跟随爸爸妈妈去赴宴时，小朋友必须坐在爸爸妈妈中间吗？

记一记　华礼语录

1. 腿肚子朝大门，永远不会得罪人。

2. 你的位置坐在哪里，你的心就应该在哪里。

3. 不患无位，患所以立；不忧无座，忧所以坐。

4. 坐，请坐，请上坐；茶，喝茶，请喝茶。

5. 面南而坐天子座，面壁思过我的错。

6. 请益而起，获益而坐。

7. 坐有坐相，人有人样。

8. 身坐庙堂，心忧江湖。

9. 立不中门，坐不居中。

10. 身坐父母边，心让父母顺。

11. 苦思冥想老半天，不如赏乐坐海边。

笑一笑　打歇后语

1. 最差的座位——如坐针毡。

2. 姜太公坐主席台——资格老。

3. 老佛爷的座位——碰不得。

做一做　章节测试

一、单选题

1. 驾驶轿车接送外宾时，外宾应坐在（　　）。

A. 后排的右座

B. 后排的左座

C. 副驾驶座

D. 后排的中座

2. 在洗手间遇到熟人时，可以（　　）。

A. 寒暄

B. 点头致意，如要交谈，在离开洗手间后

C. 谈论他人

D. 不理不睬

3. 对于座次的描述不正确的有（　　）。

A. 后排高于前排

B. 内侧高于外侧

C. 中央高于两侧

D. 两侧高于中央

4. 中餐圆桌座位的讲究是（　　）。

A. 面门为上，以右为上，居中为上，前排为上，以远为上

B. 面门为下，以左为上，居中为上，前排为上，以远为上

C. 面门为上，以左为上，居中为上，后排为上，以远为上

D. 面门为上，以右为上，居中为上，前排为上，以近为上

5. 以下不属于会议室常见的摆台的是（　　）。

A. 戏院式

B. 正方形

C. 课桌式

D. U形

6. 宴会上，为表示尊重，主宾的座位的选择一般应（　　）。

A. 随其所好

B. 在主人的左侧

C. 在主人的右侧

D. 在主人正对面

7. 进餐过程中打电话或去洗手间，可以将餐巾放在（   ）。

A. 桌面上

B. 椅子背上

C. 椅子面上

D. 随手带走

二、多选题

1. 在图书馆里看书，不文明的行为举止是（   ）。

A. 阅读坐姿很随意

B. 保持安静，不妨碍他人

C. 随意带饮料零食等物品进入阅览室

D. 高声交谈

E. 爱护阅读资料，不乱撕乱写乱涂

2. 座次礼仪是指在各种宴会的座次安排中需要遵循的一系列礼仪规范。主要包括（   ）。

A. 以右为上（遵循国际惯例）

B. 居中为上（中央高于两侧）

C. 前排为上（适用所有场合）

D. 以远为上（远离房门为上）

E. 面门为上（良好视野为上）

三、判断题

1. 西方餐桌座次礼仪总结：女士优先，恭敬主宾，以右为尊，距离定位，面门为上，交叉排列。（   ）

2. "主陪"位置：主陪是请客一方的第一顺位，即是请客的最高职位者或陪酒的地位最尊贵的人。位置在正冲门口的正面，把握本次宴请的时间、喝酒程度等。（   ）

3. "副陪"位置：副陪是请客一方的第二顺位，是陪客者中第二位尊

餐桌有礼——如何成为餐桌上的礼仪达人

贵的人。位置在主陪的对面，即背对门口。这个位置上的人的作用更多的是带动客人喝酒。（　　　）

4."副主宾"位置：副主宾是客人一方的第二顺位。位置在"主陪"的左手方。（　　　）

5."主宾"位置：主宾是客人一方的第一顺位，是客人里面职位最高者或地位最尊贵者坐的地方。位置在"主陪"的右手边。（　　　）

6.入席时，应等长者坐定后方入席。（　　　）

第四课

点餐礼仪
——开开心心把餐点

当你翻开菜谱的那一刻，首先想到的是什么呢？是想到自己喜欢吃的菜，喜欢喝的汤，喜欢品的酒吗？你点餐时的面部表情已经证明你是贪婪之人还是仁爱之人，别人已经看在眼里、记在心里了，只是别人并不告诉你而已。所以，你是否可以征求一下长辈的意见呢？是否可以照顾一下别人的口味呢？是否可以考虑一下别人的感受呢？

餐桌有礼——如何成为餐桌上的礼仪达人

导语：

俗话说"民以食为天"，不管时代如何变迁，吃饭的礼仪依然是很严肃的。儒家经典《礼记》提出"夫礼之初，始诸饮食"，认为饮食活动中的行为规范是礼制的发端。我国礼仪的发端是祭祀礼仪，而祭祀礼仪是从饮食礼仪起始的。座席的方向、箸匙的排列、上菜的次序等都很有讲究，体现着"礼"。这种对于"礼"的传承慢慢就演化成了一些关于吃饭的习俗、禁忌。

所以明智的父母一定要防微杜渐，把孩子不健康的思想消灭在萌芽之中，要谨慎于开始。父母同时也要以身作则，为孩子树立勤俭持家的好榜样，这样就会给孩子潜移默化的影响。当我们这样去引导孩子，让他懂得知足，他这一生才不会成为物质的奴隶，才不会崇尚虚华。

餐前点菜时如何引导我们的孩子持有正确的用餐理念？餐中如何做到细嚼慢咽？为何"吃有吃相，坐有坐相"？

入营须知：

看菜吃饭，看人点菜。

一粥一饭，思之不易；半丝半缕，恒念维艰。

勤能补拙，省能补贫。

第四课 点餐礼仪——开开心心把餐点

读一读 古语导读

古语：

一粥一饭，当思来处不易；半丝半缕，恒念物力维艰。——明·朱柏庐·《朱子治家格言》

导读：

一碗粥，一碗饭，应当想想来处不容易；半根丝，半根线，要常常想到得到这些东西很艰难。《朱子治家格言》教导我们要勤俭节约，不要铺张浪费，穿衣吃饭是极平常的事情，我们要养成勤俭节约的良好习惯，要学会珍惜，不要随意糟蹋。

听一听 故事案例

案例：尴尬的午餐

阳光明媚的一天，小汤请贝贝和特特吃饭，小汤提前选了一家高档餐厅，三个好朋友开心地来到了餐厅。到了点餐的时候，小汤单手从服务员手中拿到菜单，然后自顾自地点了五菜一汤，而且以肉类食物为主，主食也只点了自己爱吃的米饭。这时候，贝贝紧皱着眉头，特特也只看着桌上丰富的菜肴，连筷子都没动。

小汤很纳闷地问："你们怎么都不吃呢？难道不好吃吗？还是说不

餐桌有礼——如何成为餐桌上的礼仪达人

够呢？"

贝贝说："我是北方人，吃米饭吃不饱呀。"

特特委屈地说："我喜欢吃素食，这些我都吃不了呀。"

提问：

1. 小汤点餐前应该怎么做？

2. 三个人点了五菜一汤多不多？是否浪费？

3. 故事中小汤的哪些行为做得不好？

4. 如果是你，应该怎么点餐？

案例分析：

点餐前，小汤应该双手接过服务员递过来的菜单，以示礼貌。在请朋友吃饭前要先了解朋友的喜好和饮食习惯，小汤在选餐厅和点餐前没有先了解贝贝和特特喜欢吃什么，有什么忌口的，完全按照自己的喜好来选择餐馆和点餐，这样就感觉小汤并不是真心想请贝贝和特特吃饭，也并没有尊重两位好朋友。

教一教　华礼观点

1. 客随主便——当宴请别人时，你能说出几种点餐的方式呢？

（1）主人点餐：在宴请别人时，主人要有礼貌地征求客人的意见，了解客人的喜好和忌口，在客人来之前点好餐，以便于客人来时就能就餐。

（2）客人点餐：很多时候，出于礼貌，主人常常把优先点菜权让给客人，如果客人有些为难，则可从侧面来提醒帮助。

（3）轮流点餐：亲朋好友在聚会点菜时可以一人点一个菜，这样能照顾到每个人的喜好。

第四课　点餐礼仪——开开心心把餐点

了解客人喜好，在客人来之前点好餐，或者征求最尊贵的客人的建议来点餐

2. 饕餮大餐——你知道西餐中不可或缺的八道菜吗？

（1）开胃菜（又称头盘）：一般有蔬菜、水果、海鲜、肉食等。

（2）面包：可分为烤面包和鲜面包。吃烤面包不可以撕开吃，要配以黄油、鱼子酱等，慢慢咬着吃。在食用鲜面包时，可以涂上黄油或果酱后一次入口一小块。

（3）汤：最常见的有白汤、红汤、清汤等。

（4）主菜：正规西餐中，一般是一个冷菜，两个热菜。热菜中一道为鱼，另一道为肉。

（5）点心：一般包括蛋糕、饼干、馅儿饼、三明治等。

（6）甜品：布丁、冰激凌等。

（7）果品：有干果和鲜果之分，干果有核桃、榛子、腰果、开心果等；常用的鲜果则包括草莓、菠萝、苹果、橙子、葡萄等。

（8）热饮：热饮置于最后，帮助消化，正规的热饮包括红茶或黑咖啡。

3. 细致入微——在请客人吃饭时，我们应该怎样做才能照顾到每位客人的口味呢？

（1）口味偏好：比如说湖南人喜欢辣的食物，而广东人喜欢甜食，不喜欢吃辣，这时候我们就不能只点辣的菜，也要多点清淡的食物。

（2）地域偏好：比如北方一般以面食为主食，南方一般以米饭为主食，所以遇到同时有南、北方人的情况就不能只点面食而不点米饭。

（3）国家偏好：不同国家的人也有自己的偏好，比如法国人不喜动物内脏、肥肉等；加拿大人不碰带有腥味的食物，比如虾酱、鱼露、动物内脏等；瑞士人不喜欢肥肉以及动物内脏和很辣的菜等。所以，我们要根据不同情况进行调整。

4. 入境问俗——我们请外国朋友吃饭时是点中餐好还是西餐好？

在请外国朋友用餐时要优先选择带有中餐特色的菜肴，像我们平常吃的龙须面、土豆丝、北京烤鸭等都具有中国特色，在国外很出名，所以在请外国友人吃饭的时候不妨点一些国内特色菜肴让他们感觉受到尊重，这样还可以增加彼此异域文化的交流与互动。

5. 入乡随俗——请远方的客人吃饭时，你要不要点当地的特色菜来招待客人呢？

在请远方客人进餐时，可尽量安排一些具有本地特色的菜肴，让客人感受到家一样的温暖。另外，我们要优先考虑所选餐馆的特色菜，很多餐馆都有自己的"招牌菜"，招待朋友只有考虑到餐馆的特色菜，才会让客人觉得你尊重他。

6. 和而不同——点餐时我们需要考虑客人的饮食禁忌。

点餐时我们有很多选择，但是有些客人有饮食禁忌。所以我们要了解客人的饮食禁忌，以免让客人感觉不愉快。

7. 面面俱到——点餐时我们要不要考虑客人有哪些忌口？

饮食对人体健康也是有影响的，在点餐时要注意朋友中是否有孕妇，是否有人服药，是否有人海鲜过敏等，如果有海鲜过敏的客人，你要是都点海鲜，就会造成客人的不适和尴尬。再比如高血压患者、胆固醇高的人最好少喝鸡汤；心脏病患者、高血压患者和得过中风的人不能吃狗肉；肠胃不好的人不适合吃甲鱼；患有肝炎的病人不能吃羊肉；等等。只有做到这些，才能体现对客人的尊重与关怀。

8. 富而不贵——在点餐时点得越贵就代表你越热情吗？

为了表示我们对客人的尊重，点餐时不可找最贵的点，因为在与朋友或与客户洽商时点最贵的菜，对方会认为你在炫耀自己，点最贵的菜是很没有风度的做法。比如说我们可以一次点一个招牌菜，搭配荤菜、素菜、下酒菜、下饭菜就比较合适。而且根据中国"礼尚往来"的交往原则，如果你请对方过于奢华的话，可能会给对方回请时造成经济压力。

9. 适可而止——点菜时，冷菜和热菜的搭配应该是怎样的？

菜量不要贪多，一般平均一个人一个菜就够了，因为还有汤类和主食，比如说4个人就餐，可以选择3~4个凉菜，3~4个热菜，可加一个汤和一个大菜，外加1~2个点心即可；4个人就餐，更多的时候四菜一汤就足以了；如果是3个人，可以点两个凉菜两个热菜。点餐数量可按照就餐人数灵活增减，我们要知道粮食来之不易，要懂得珍惜食物，不能浪费。

10. 把酒言欢——是不是任何聚餐我们都要点酒水？

为了制造亲切、友好、温馨、自然的气氛，一般来说，是需要点一些酒水的，尤其是宴请外国朋友，这样可以营造亲切的氛围。

11. 美酒佳肴——在吃西餐时，肉类和鱼类应该分别搭配什么酒？

西餐就餐时，对于不同的菜要配不同的酒，比如说主菜若是肉类建议搭配红酒，如果主菜是鱼类则可搭配白酒。

12. 意犹未尽——在宴请快结束时如何加菜？

当宴请快结束时，如果我们忽然发现饭桌上的菜有些不够了，这个时候作为主人的我们（或主人的副陪）要悄悄地找到服务员进行加菜，加菜时，尽量关注到用餐人员的喜好，以示我们对客人的照顾和尊重。

餐桌有礼——如何成为餐桌上的礼仪达人

看一看　看图学礼

酒店包厢内，小朋友礼貌地双手接菜单，双手递接菜单更显优雅气质

小朋友点餐，可以点自己喜欢的，但是更要照顾大家喜欢的

不要单手，更不要用左手（图为错误示范）

第四课　点餐礼仪——开开心心把餐点

协助父母点菜，和服务员介绍自己邀请的小客人的喜好，还能了解到很多风俗人情

> 唱一唱　童谣吟唱

点餐礼仪

朋友相聚来进餐，

点餐先为客人定，

菜量适中不浪费，

中餐西餐别混淆，

尊重中西文化餐，

友情定会地久天又长。

餐桌有礼——如何成为餐桌上的礼仪达人

玩一玩　寓教于乐

游戏一《点餐大比拼》

目标：

培养和训练孩子不仅会点餐，还会正确出餐。

准备：

情景创设：接待客人的三张桌子，客人点菜的菜谱，十张菜卡。

玩法：

3位以上6位以下人数的同学结伴来餐厅就餐，一个服务员拿出菜单，待每桌客人商量点好菜后，服务员端出菜（菜卡）放在桌上。然后，每一桌选一位发言人，介绍本桌一共几个人进餐，点了几个菜，各菜的名称是什么，为什么这样点餐。

最后大家说一说、评一评，看哪桌点餐最合理，视为最佳点餐组（每人发一个大拇指图片）。

游戏二《点西餐》

目标：

培养和训练孩子不仅会点西餐，还能掌握正确的出餐顺序。

准备：

情境创设：接待客人的三张桌子，菜谱，十张菜卡。

玩法：

3位以上6位以下人数的同学结伴来餐厅就餐，一个服务员拿出菜单，待每桌客人商量点好菜后，服务员端出菜（菜卡）先后摆放在桌上。然后，每一桌选一位发言人，介绍本桌一共几个人进餐，点了几个菜，服务员送了什么菜，名称是什么，为什么这样点餐。

最后大家说一说：评一评，看哪桌点餐最合理，视为最佳点餐组（每人发一个画笑脸的苹果）和最佳服务员（发一个红五角星）。

想一想　课后思考

思考一：有礼貌的孩子应该怎么接过菜单？

思考二：点餐之前要不要先问问客人喜欢吃什么？

思考三：五个人点八个菜多不多？那么点三个菜少不少？

思考四：主食可以都点米饭吗？或者都点面食吗？

思考五：点酒的时候都可以点白酒吗？或者都点红酒？

记一记　华礼语录

1. 只有学会照顾不同的人，才能得到不同人的照顾。

2. 荤与素，要搭配；礼与仁，显大爱。

3. 锄禾当午须记清，汗滴下土实不忍，谁知盘中粒粒餐，辛苦多少稼稼人。

4. 点餐点人心，用餐须热情。

5. 今日点餐为他人，明日回请诸事顺。

6. 点餐简而精，用餐俭而省。

7. 点餐如点将，每桌必有大将。

8. 点餐并非多多益善，少食必能津津有味。

9. 点餐请客需慷慨解囊，被请点餐要将心比心。

10. 菜谱虽小，琳琅满目，当思农夫守护；餐品虽多，可以果腹，需想荒年怎度。

笑一笑　打歇后语

1. 小葱拌豆腐——一清（青）二白。
2. 白菜叶子炒大葱——亲（青）上加亲（青）。

做一做　章节测试

一、单选题

1. 点菜时，一定要心中有数。点菜时，不属于常规点菜原则的是（　　）。

A. 看人员组成

B. 看菜肴组合

C. 价格越高越好

D. 看宴请的重要程度

2. 关于中餐上菜的顺序描述错误的是（　　）。

A. 先上冷盘，后上热菜

B. 最后上甜食和水果

C. 上菜时热菜和冷菜交替

D. 从副陪的右侧上菜

3. 在宴会中，开始宴会前摆放的湿毛巾的用处是（　　）。

A. 擦盘子

B. 擦脸

C. 擦手

D. 擦嘴

4. 享用自助餐时应遵守的原则是（　　）。

A. 少次少取

B. 一次多取

C. 多次少取

D. 多次多取

5. 年长者、第一次和主人见面的人、交情普通的人入座的次序为（　　）。

A. 年长者、交情普通的人、第一次和主人见面的人

B. 交情普通的人、年长者、第一次和主人见面的人

C. 年长者、第一次和主人见面的人、交情普通的人

D. 随便坐

二、多选题

1. 点菜前正确的礼仪有哪些？（　　）

A. 先要清楚所在地有哪些档次的餐馆，了解高档、中档、低档餐馆都在哪里

B. 先去餐馆摸清比较有特色的菜，菜的口味和价位

C. 先评估要请人的身份和口味，选择合适的餐馆，对于重要的客人一

定要点包间

　　D. 如果就餐时要谈比较敏感的话题，一定要点包间或选择距离客人生活圈比较远的餐馆

　　E. 如果客户身份比较重要，又要考虑酒对客人的胃口，酒水可以自己带

　　2. 下面点菜时的礼仪有哪些是正确的？（　　）

　　A. 请客人先选菜，如果客人谦让点菜权，主人也不必过于勉强

　　B. 点菜过程要快，不要点了很久都没有定，对于重点菜和口味菜询问一下客人是否喜欢，尤其注意不要只考虑自己的口味而点太辣或者太油腻的菜

　　C. 点菜前要先评估预算，一般主菜数要比客人数多一个到两个，配一个冷盘和一道汤就足够了；特别油腻的菜，一般点一个就可以，如果超过四道主菜可以考虑点鱼、鸡或鸭等肉类，最后一定要有一道口味清淡的菜，例如青菜

　　D. 点菜要上档次，只需点一两个有特色、上档次的菜，不需要每个菜都很贵

　　E. 要注意客人是否吃辣，是否有孕妇，是否服药，是否对海鲜过敏，等等

　　三、判断题

　　1. 进入与身份对应的餐馆，就成功了一半。（　　）

　　2. 用餐前，服务员为每人送上的第一道湿毛巾是擦手用的，最好不要用它去擦脸。（　　）

　　3. 餐巾应摊开，放在双膝上端的大腿上，切勿系入腰带，或挂在西装领口。（　　）

第五课

奉茶礼仪
——欢欢喜喜把茶敬

　　俗语说"人走茶凉",而真正可悲之处在于:人未走,茶已凉。客人真正在乎的也许不是茶真的有点凉,而在乎的是你端茶递水的态度是否合乎礼。是很热情地双手奉茶,端到长者面前,并抬手说一声:"您辛苦了,请用茶!"还是将茶杯往桌子上一掷,说:"喝吧!"然后迅即转身离开呢?一举一动,一笑一颦,方寸之间,须臾之时,你的修养,已经定格在别人心里了……

餐桌有礼——如何成为餐桌上的礼仪达人

引语：

夏商饮酒，醉者持不醉者，不醉者持醉者；酒对先人，有疾则饮，遇喜酩酊，解忧治病。汉已用茶，至唐代陆羽，颇成系统；一碗润喉，两腋清风，涤烦疗渴，回味绵长。

无论是茶之道、茶之禅，还是茶艺、茶礼，均可以放慢生活，可以学习美学、可以修行，它们也是社交礼仪的一部分，因此，具有一定的稳定社会秩序、协调人际关系的功能。它来源于中国几千年的"尊老敬上"和"和为贵"的文化思想，是人类在漫长的饮茶历史中积淀下来的表达情感的惯用形式。

入营须知：

坐，请坐，请上坐；

茶，上茶，上好茶。

第五课 奉茶礼仪——欢欢喜喜把茶敬

读一读 古语导读

古语：

凡奉者当心，提者当带，执天子之器则上衡，国君则平衡，大夫则绥之，士则提之。——《礼记》

导读：

但凡操执器物，捧持的东西要与胸口平齐，提携时要与衣带平齐。行礼之时，持拿天子器物要高于胸口，拿国君的器物要与胸口平齐，拿大夫的器物要低于胸口，拿士人的器物则提至腰际即可。

茶，是中国的国饮；"以茶待客"，是有五千多年文明史的礼仪之邦，最普及、最具平民性的日常生活礼仪。客来宾至，清茶一杯，可以表敬意，洗风尘，叙友情，示情爱，重俭朴，弃虚华，成为人们日常生活中的一种高尚礼节和纯洁美德。茶与礼仪已紧紧相连，密不可分。了解掌握奉茶礼仪，不仅是对客人、朋友的尊重，也能体现自己的修养。茶文化蕴藏了丰厚的内涵及底蕴，爱茶之人深知，喝茶能静心养神，修身养性，陶冶情操。

餐桌有礼——如何成为餐桌上的礼仪达人

听一听　故事案例

案例一：苏轼遭遇"看人待客"

北宋文学家苏轼任杭州通判，在杭州为官三年中经常微服出游。这一天，他到一座寺庙游玩，方丈看到陌生人来访，非常傲慢地说："坐！"然后跟小和尚说："茶！"小和尚端上一碗很普通的茶。

方丈和苏轼交谈了几句后，觉得此人谈吐不凡，并非等闲之辈，又跟苏轼说："请坐！"同时叫来小和尚说："敬茶！"小和尚又重新泡上一碗好一点的茶。

交谈一阵后，方丈终于明白来者就是本州长官、大名鼎鼎的苏轼，便忙起身说："请上坐！"并叫小和尚："敬香茶！"

临别，方丈捧上文房四宝希望苏轼留下墨宝。

苏轼本对方丈看人待客的行为非常鄙视，但转念一想就提笔写下一副对联：坐请坐请上座，茶敬茶敬香茶。方丈看后，心里了然，脸上只有羞愧、尴尬之色。

提问：

苏轼为什么会鄙视方丈？方丈又为什么会"脸上只有羞愧、尴尬之色"？

案例分析：

客来敬茶是传统礼仪，要表达一种尊敬、友好、平等的心意。可是这位方丈却看人待客，这既是对客人的不尊重，也是对自身的不尊重。

案例二：黄升泡茶

周末，大姨来我们家串门，大家在客厅闲聊，正准备泡茶时，黄升说："妈妈，你们聊，我来帮你们泡茶吧。"我将信将疑地对他说："宝贝，你会泡茶吗？"黄升很有礼貌地说："会啊，我经常看妈妈您泡茶，让我试试吧。"看到孩子一本正经的样子，我不忍心打击孩子的自信心，说："那好吧，今天你为我们服务。不过要注意安全，小心烫手哦。"黄升开心地回答："妈妈，我知道啦，您放心吧！"于是我把位置让给黄升，由他来泡茶。

黄升先把自己的双手洗净，然后煮水，洗茶壶、茶杯，再拿出准备好了的茶叶，等水烧开。看着黄升井井有条地准备泡茶，大姨夸黄升是个能干的好孩子。过了一会儿，茶泡好了，黄升慢慢地把茶倒进茶杯里，并倒满，正想端杯子，杯子却从手中滑落摔碎了。

我看到这一幕，并没有责怪黄升，赶紧用茶油涂抹孩子被烫到的手，并说："宝贝，今天你泡茶做得很好！刚才你往茶杯倒茶倒得太满了，这样不方便端起，会烫到手，客人也不方便接过去。没关系，妈妈做一遍，你认真看。"于是，我重新倒了一杯七分满的茶，用左手托、右手持的方式递给大姨。

黄升看完高兴地说："谢谢妈妈，您让我懂得了奉茶礼仪的细节。"

提问：

1. 黄升在倒茶的时候，为什么会把茶杯打碎了呢？

2. 在妈妈的帮助下，黄升有没有学会正确奉茶的方法呢？正确奉茶应如何做呢？

案例评析：

我国有"浅茶满酒"的讲究，倒茶或冲茶一般至茶具的 2/3~3/4，如冲满茶杯，不但烫嘴，还寓有逐客之意。奉茶时，要掌握好茶水的量，一般以倒入杯中 2/3 为佳。需要用茶盘托着送给客人，放于客人右手前方。

奉茶的时候，主人还须用空余的手做出请茶的姿势，此时客人可行"叩指礼"作为回礼，即以右手食指和中指并拢弯曲，轻轻敲打桌面，以表谢意。

教一教　华礼观点

1. 敬净静雅——沏茶前需要做到哪几个净？

（1）双手洗净；

（2）茶具洗净；

（3）茶叶干净；

（4）环境整洁干净。

2. 敬天爱人——以茶待客时可以用一次性纸杯吗？

通常情况不可以用一次性纸杯泡茶，用一次性纸杯泡茶待客会显得对客人不重视，给客人的感觉是和主人之间有生疏感。但在户外活动及人流量大的场所等可以用一次性纸杯，但最好在杯上加上杯托。

3. 茶满欺客——沏茶时可以沏满茶杯吗？

不可以沏满杯。茶满杯是表示送客，会让对方误认为主人对自己不满、自己不受欢迎，所以不宜满杯。通常沏茶以七八分满为宜，这样便于端起茶杯，使人不被烫伤。

4. 左右逢源——奉茶时，茶杯应放在客人的左手边还是客人的右手边呢？

奉茶时，茶杯应放在客人的右手边，便于客人端起饮茶，且水温不宜过烫，以免客人端起时烫伤手，喝时烫嘴。

5. 长先幼后——当长辈、晚辈和平辈人一起饮茶时，座次要怎么安排呢？

茶道讲究的是"主随客便"，但是从礼仪文化上讲，喝茶也要遵循喝茶座次礼仪的原则。

对于主人或者泡茶的人，左手边的是"尊位"。尊位的顺序为：长辈、领导、女士。如果年龄相差不大，女士优先坐尊位。

从主人左手方向顺时针旋转，表示由尊到卑，直到主人的右手边，不论怎样的茶桌，都应该遵循这个原则。

6. 敬奉香茗——敬茶时是用一只手端还是双手端呢？

敬茶时尽量不要用一只手上茶，尤其不能用左手，切勿让手指碰到杯口。敬茶应双手奉上，一般首杯要敬给桌上德高望重者。如下所示：

双手敬茶为大礼

右手敬茶为小礼

餐桌有礼——如何成为餐桌上的礼仪达人

左手敬茶为失礼（图为错误示范）

7. 品啜甘霖——喝茶时可以大口大口喝吗？

不可以。俗话说，"吃有吃相，睡有睡相"，喝茶也是一样。无论客人、主人，饮茶时都应慢慢地小口地细心品尝，切忌大口大口地吞咽茶水，或者喝得咕噜咕噜直响。如此饮茶，不但暴露饮茶者满脸蠢相，而且也会给旁人留下不好的印象。

《红楼梦》里妙玉说："一杯为品，二杯即是解渴的蠢物，三杯便是饮牛饮骡了。"明人许次料说："一壶之差只堪再巡，初巡鲜美，再则甘醇，三巡意欲尽矣。"到了现代社会，喝茶更是成了大家研究和注意的日常接待重要礼仪环节。一般来讲，为解渴而喝茶时不需要注意太多礼节，但上升到品茶的层次或者在正式场合饮茶我们就要注意了。

8. 适可而止——在喝茶时需要经常性续茶吗？

喝茶是不需要经常性续茶的，因为频繁续茶表示对客人不礼貌、不尊重。喝水有量，不宜过多。在民间有频繁续茶表逐客之意的说法。

9. 续茶有道——喝茶过程中在什么情况下需要续茶呢？

当客人饮茶时，杯中的茶水喝到近三分之一的时候方可添茶，并应先给客人添茶。当宾主边谈边饮时，要及时添加茶水，体现对宾客的尊重。

10. 恭敬有加——有盖瓷杯续茶时需要端起吗？

有盖瓷杯续茶时需要端起。往有盖瓷杯中续茶时，左手的小指和无名指夹住瓷杯盖上的小圆球，用大拇指、食指和中指握住杯把，从桌上端下茶杯，脚一前一后，侧身把茶水倒入客人杯中，以体现举止的文雅。

注：有盖瓷杯通常是用在会议与政务场合。

11. 以礼相待——在以茶待客的过程中，我们需要一直让茶吗？

不需要。因为在以茶待客的过程中，为了表现对客人的尊重，主人要为客人不时地斟茶、续水，这种做法也是有寓意的，表示"慢慢喝，慢慢饮"。

而我国古代讲究以茶待客不过三杯，第一杯叫敬客茶，第二杯叫续水茶，第三杯叫送客茶，所以不论是喝盖碗茶还是工夫茶，让茶应该尽量随意自然。如果一而再再而三地劝饮，就有暗示"你应该要走了"之意。

12. 礼尚往来——在主人为客人续茶的时候，客人需要回礼吗？如果回礼，那么要怎么做表示感谢呢？

当然需要，回礼是为了表示感谢主人的热情招待。客人在做回礼时可以用以下几个方法。

（1）称赞礼。所谓的第一道礼仪是主人冲泡了第一泡茶请客人品尝时，客人要表示对对方的尊重，以示回礼。比较正式的回礼应该是起身，男性抱拳女性合十，一躬，坐下，双手接过（或者双手捧起）茶杯先闻，后慢慢啜饮一口，放下茶杯，口中称赞主人。

（2）抬手礼。伸掌礼仪是品茶中使用频率最高的礼节，是主客双方都要使用的礼节。伸掌是表示"请"与"谢谢"。两人对坐，均伸右掌行礼对答。两人并坐时，右侧一方伸右掌行礼，左侧一方伸左掌行礼。伸掌姿势是将手斜伸至左茶杯旁边，四指自然并拢，虎口稍分开，手掌略向内凹，手腕要含蓄用力，不显得随便。

餐桌有礼——如何成为餐桌上的礼仪达人

掌心朝上，抬手示意

掌心示人，配以话术语言"请慢用"

（3）叩指礼。品茶时，人们也喜欢用叩指礼回礼，叩指礼的典故从何而来？传说这一风俗源出乾隆皇帝下江南，微服出巡时，一次扮作仆从的皇帝给扮作主子的随从斟茶，随从感恩戴德、惊恐万分，本应下跪叩拜，但又怕暴露了皇家身份，于是灵机一动，遂以两指微屈，轻叩桌面代之叩礼，并一直传袭至今。

右手握拳，大拇指的指尖对食指的第二指节，屈起食指和中指，握拳立起来，用食指和中指的第二节的指面轻轻叩击桌面三下。这个礼节一般适合年长者对年幼者，小朋友如果做这个动作，就不合适

13. 谨言慎行——喝茶中的主要禁忌有哪些？

（1）喝茶要求着装整洁大方，女性切忌浓妆艳抹，大胆暴露；男性也应避免乖张怪诞，如留长发、穿乞丐装等。除了仪表整洁外，还要求举止庄重得体，落落大方。

（2）喝茶忌"一口闷"或者"亮杯底"，喝茶和喝酒的状态是有区别的。

（3）喝茶时严禁抽烟。实在忍不住了，也应该征询一下主人的意见，得到同意以后方可在避人处吞云吐雾。才坐下就拿烟的视为失礼。

（4）第一泡的第一口茶，千万不可当主人的面吐出来。这个视为较大的失礼，甚至是一种挑衅的开始。

看一看　看图学礼

一、敬茶（未成年人可以以茶代酒敬人）

向长辈敬茶时，要用双手敬茶，左手托着杯底二分之一处，右手握住杯身三分之二处，双手端杯起身面向长辈，并面带微笑望着长辈，同时也要说敬语

餐桌有礼——如何成为餐桌上的礼仪达人

与同辈敬茶时，双方都要起身

在敬茶时不宜隔着人向对方敬茶，这样一是对长辈不尊敬，二是干扰到旁人（图为错误示范）

向长辈敬茶时，要双手端着茶杯走到长辈面前，身体鞠躬15°，面带微笑

二、一次性纸杯奉茶

递茶不要碰到杯沿，这样做也是为了保证饮茶的卫生，有茶杯托是最好的，没有茶杯托也应注意不要碰到茶杯沿口（图为错误示范）

一次性纸杯奉茶，如果是递到客人手里，七分满比较适合

条件允许的情况下，尽量调整热度至适宜客人直饮；左手在下托住杯底（一般都是悬空设计，不会烫手），右手扶住杯身，也不会烫手

餐桌有礼——如何成为餐桌上的礼仪达人

家庭待客一般不使用纸杯，但是多人参加的家庭聚会中经常会准备，以满足对客人不同饮品的需要

三、奉矿泉水

建议握住矿泉水瓶两头，中间留空，给到客人方便接的方向和客人的手便于接过矿泉水瓶的位置

四、奉贵宾杯

一般都是用左手托住贵宾杯杯底，右手在杯身中部，不要碰到杯口

第五课　奉茶礼仪——欢欢喜喜把茶敬

有柄瓷杯，一般不会递到客人手上（会烫手），建议递到客人面前的桌子上

对方的礼节动作往往是欠身相迎，奉者掌心朝上，抬手示意，语言提醒"小心烫"

如果将有柄瓷杯的柄轻轻转到客人的右手边，会使客人持杯方便

91

餐桌有礼——如何成为餐桌上的礼仪达人

五、奉玻璃杯

玻璃杯一般不会递到手上（会烫手），接的人会很尴尬（图为错误示范）

玻璃杯，建议递到客人身前的桌子上，而且要语言提醒"小心烫"

唱一唱　童谣吟唱

待客礼仪儿歌

客人来，欠身迎；

说敬语，礼貌行；
引入坐，互相识；
聊家常，欢笑语；
长者先，茶水敬；
品茶时，记添加；
客人走，起身送；
道一声，记常来。

敬茶歌

来客人，以茶待；
沏茶时，杯齐摆；
来回斟，勿太满；
送茶时，勿太烫；
左手托，右手扶；
上茶时，放右侧；
道一声，请用茶。

沏茶歌

茶入杯，宜七分；
量适中，宜端稳；
水温适，宜入口；
长辈在，宜先奉；
微笑礼，宜亲和；
双手端，宜轻放。

餐桌有礼——如何成为餐桌上的礼仪达人

玩一玩　寓教于乐

一、游戏《做一个懂礼节的好孩子》

目的：

培养孩子奉茶礼仪。

情境创设：

1. 一天，爷爷或奶奶来牛牛家，牛牛要请爷爷或奶奶喝茶。

2. 其中一个家庭成员扮演爷爷或奶奶，一起坐在茶桌旁，另一个家庭成员泡茶，先让孩子亲自给现场的人奉茶，看看孩子是否知悉奉茶需注意的细节及是否懂得长辈在、宜先奉。

玩法：

1. 让孩子参与接待爷爷或奶奶的全过程，让孩子洗茶具，拿茶叶，观看泡茶的整个流程。

2. 在斟茶时，有七八分满的茶，有少于半杯的，有满杯的。让孩子自己选择端哪一杯茶适宜及应如何奉茶。

3. 当孩子端起茶杯开始奉茶时，在场的人要配合孩子的行为给予相应的回应。并且让孩子在事后能悟到自己哪些做得好，哪些可以做得更好。让孩子在体验中去感受、理解、掌握奉茶礼仪的相关知识。

二、游戏《奉茶》

目标：

练习泡茶、端茶，掌握递接茶的姿势。

第五课　奉茶礼仪——欢欢喜喜把茶敬

准备：

茶叶、茶杯、开水桶、桌子、椅子等。

玩法：

将同学分成两组（人数相等），即奉茶组和喝茶组，两组人一一对应站好，老师做裁判，在规定的时间内最先完成的获胜。奉茶人必须完成泡茶、端茶和递茶的动作，而喝茶组的人也一定要有规范的接茶动作和礼貌用语回应，完整地做下来才算完成。两组人员可互换角色进行。

想一想　课后思考

思考一：家里来了客人，一定要倒茶水吗？

思考二：为客人端茶、端水时要注意什么？

思考三：如何递茶或奉茶给客人才是礼貌的？

思考四：奉茶时，有先有后吗？

记一记　华礼语录

1. 茶有茶道，吃有吃相。

2. 客从远方来，多以茶相待。

3. 君子之交淡如水，茶人之交醇如茶。

4. 清茶一杯，亲密无间。

5. 人文的灵感都是饭后茶余产生的。

6. 品茶，让人越来越近。

7. 杯杯清茶献给你，拳拳心意留心中。

8. 人在草木中，事在情理中。

9. 茶是人与人的黏合剂，酒是人与人的催化剂。

10. 茶品犹如人品，越品越有味。

11. 人生如茶，苦涩甘甜尽含其中；人生似酒，醇香浊烈全在其内。

12. 雅如茶之香、茶之清、茶之静；美如花之娇、花之俏、花之艳。

13. 茶满欺人，酒满敬人。

14. 茶，南方之嘉木；酒，远古之佳酿。

15. 酒是一种意气，茶是一种境界。

笑一笑　打歇后语

1. 阿庆嫂倒茶——滴水不漏。

2. 茶壶里贴饼子——无法下手。

3. 冷水泡茶——无味。

4. 口渴遇见卖茶人——正合适。

5. 爆米花沏茶——泡汤了。

做一做　章节测试

一、单选题

1.茶艺服务中与品茶客人交流时要（　　　）。

A.态度温和，说话缓慢

B.严肃认真，有问必答

C.快速问答，简单明了

D.语气平和，热情友好

2.茶艺师在接待外宾时，要以（　　　）的姿态出现，特别要注意维护国格和人格。

A."主人翁"

B."平等待人"

C."尊重客人"

D."民间外交官"

3.科学地泡好一杯茶要满足的三个基本要素是（　　　）。

A.茶具，茶叶品种，温壶

B.置茶，温壶，冲泡

C.茶具，壶温，浸泡时间

D.茶叶用量，水温，浸泡时间

4.在茶的冲泡基本程序中煮水的环节讲究（　　　）。

A.不同的茶叶加工方法所需时间不同

B.不同产地茶叶煮水温度不同

C.根据不同的茶具选择不同的煮水器皿

D. 不同茶叶所需水温不同

二、多选题

1. "客来敬茶"，这是中国好客的传统美德与礼节，下列关于奉茶礼仪正确的是（　　）。

　　A. 酒满敬人，茶满欺人

　　B. 奉茶时要注意先后顺序，先长后幼，先客后主，依身份的高低顺序奉茶

　　C. 第一杯茶不能倒满，续茶才可以倒满

　　D. 右手持杯，左手托杯底，双手奉出才为敬

　　E. 持杯时不能抓杯口，或握住杯口

2. 恰当的礼仪可以渲染良好的氛围，激发人心中的仪式感，为原本平淡无味的活动赋予别样色彩。唐代的刘贞亮曾提出饮茶十德，以下符合的是（　　）。

　　A. 以茶散闷气；以茶驱腥气

　　B. 以茶养生气；以茶除疠气

　　C. 以茶利礼仁；以茶表敬意

　　D. 以茶尝滋味；以茶养身体

　　E. 以茶可雅志；以茶可行道

三、判断题

1. 法国人饮用的茶叶及采用的品饮方式因人而异，饮用绿茶的人最多，饮法与英国人类似。（　　）

2. 为了将茶叶冲泡好，在选择茶具时主要的参考因素是：看场合，看人数，看茶叶。（　　）

3. 基本茶类分为不发酵的绿茶类、全发酵的红茶类、半发酵的青茶类、重发酵的白茶类、后发酵的黄茶类和部分发酵的黑茶类，共六大茶类。（　　）

4.有固定的地点或店铺供人们饮茶休息,以供应的茶水作为等价交换的商品,人们称这样的场所为茶馆。(　　　)

5.茶叶中的茶多酚具有降血脂、降血糖、降血压的药理作用。(　　　)

6.品茶只要从茶的色、香来欣赏即可。(　　　)

第六课

敬酒饮礼仪
——高高兴兴把杯端

春秋时期，孔子有云："食不厌精，脍不厌细……肉虽多，不使胜食气。唯酒无量，不及乱。"意思是肉虽然多，却不可多吃，而酒却可以不限量，只要保持礼仪即可，一语窥见古人酒风之烈。

酒桌之上往往体现一个人的内涵与修养，一颦一笑，一举一动，一言一行，推杯换盏之间，或醉或醒之时，尽收他人眼底；酒醉自身，他人独醒；当局者醉，旁观者清。

能醉，是一种胆略，酒醉心里明，即使醉了，也不可以耽误大事。

能醒，是一种境界，酒后醒来，反观自己的一言一行，记在心里，看在眼里，永远也不告诉别人……

在此特别提醒，如果你是未成年人，那么最好不要饮酒，更不得酗酒。（本课中未成年人敬的都是茶饮，特此声明）

餐桌有礼——如何成为餐桌上的礼仪达人

引语：

从南到北，从东到西，但凡有中国人的地方，都必定有一张热气腾腾的餐桌。这张餐桌上，有一粥一饭，有酸甜苦辣、风味各异的菜肴，更有必不可少的酒。

学生的身份不适合喝酒。《弟子规》中提到"年方少，勿饮酒，饮酒醉，最为丑"，小朋友们如果以茶代酒，加上自己临场发挥的"敬酒词"，则可达到"敬酒"之敬意。

如果以"茶"作为载体，则更多意味着"君子之交淡如水"，在社会竞争日益激烈、工作和生活节奏不断加快的时代，更应该努力地借用喝茶的方式交往，用平常、平凡、平静的心去面对浮躁的人与社会，将是人际交往的另一种境界。

入营须知：

酒与文，

酒与诗，

酒与词；

饮酒醉，

最为丑；

茶代酒，

礼生理。

第六课 敬酒饮礼仪——高高兴兴把杯端

读一读 古语导读

1. 唯酒无量，不及乱。——《论语》

饮酒不因个人情况而加以限制，但饮酒不能导致生乱误事。

在我们的日常生活和工作中，每到过年过节大人们都会聚餐、请客吃饭，为了活跃气氛，餐桌上往往少不了酒，这是我们中国的文化。虽然饮酒时我们不因个人情况而限制酒量，但是也不能因为喝酒过量而失礼或误了重要的工作。

2. 年方少，勿饮酒，饮酒醉，最为丑。——《弟子规》

年少的时候，千万不要饮酒。因为一旦喝醉了，就会丑态百出而丢脸。

青少年还未成年，身体正在发育，一饮酒就会刺激身体和大脑，对于大脑和身体发育会造成不良影响，是不可以饮酒的。即使是成年人，饮酒过量，醉了以后，疯言狂语，丑态毕露，容易表现出不当的言行，惹出很多是非。

3. 饮酒之节，朝不废朝，莫不废夕。——《礼记》

饮酒时间的节制与把握，要使早上不影响上朝办理公务，晚上不影响见君上，处理夜间要处理的事务。

虽然饮酒助兴可以让我们聚餐快乐，但也要注意时间的把握，不能为了一时高兴，而耽误了做早上的工作和晚上要处理的重要事情，只有约束好自己的时间，才能做成事。

4. 吴国君主孙皓"密赐茶荈以代酒"（《三国志》）为"以茶代酒"之典故。

餐桌有礼——如何成为餐桌上的礼仪达人

公元252年，吴太祖孙权病死，传位于子孙亮，后宫廷政变，孙亮之兄孙休上台。孙休临终时，遗诏儿子做接班人，任丞相濮阳兴和左将军张布为"顾命大臣"，辅佐幼主。两位"顾命大臣"嫌孙休儿子太小，改立23岁的"长君"孙皓为帝。孙皓初立时，抚恤人民、开仓赈贫，后变得专横残暴，终日沉浸于酒色从而民心丧尽。孙皓好酒，经常摆酒设宴，要群臣作陪。他的酒宴有一个规矩：每人以7升为限，不管会不会喝，能不能喝，7升酒必须见底。群臣中有个人叫韦曜，酒量只有二升。韦曜原是孙皓的父亲南阳王孙和的老师，故孙皓对韦曜格外照顾。看他喝不动了，就悄悄换上茶，让他"以茶代酒"，韦曜也心领神会，故意高举酒杯，"以茶代酒"与孙皓干杯，这样不至于醉酒而失态。君臣向来等级分明，尤其对于专制暴君来说，难得和臣子保留这份心有灵犀的体恤之情。

酒是一种意气，茶是一种境界。以茶当酒，则是用保持自我的姿态，传达与子同袍的情意。道虽不同，亦相为谋。是与非，对与错，永远不是事情的关键。只要情深意重，一盏清茶，足以当酒。若是情意不在，貌合神离，指鹿为马也毫不稀奇。执意要你饮酒的人，你无从分辨；许你以茶当酒的人，你无须分辨。

无须分辨与无从分辨，区别是彼此之间是否有一份温柔。

王昌龄曰："洛阳亲友如相问，一片冰心在玉壶。"既然你我冰心依旧，壶中倾出的是茶还是酒，又有什么要紧的呢？

第六课　敬酒饮礼仪——高高兴兴把杯端

听一听　故事案例

案例一：醉酒沙场前，喝酒误大事

楚恭王与晋国的军队战于鄢陵，楚国打了败仗，楚恭王的眼睛也中了一箭。为准备下一次战斗，楚恭王紧急征召大司马子反前来商量对策。但是，子反却因为喝醉酒无法前来，因而贻误战机。楚恭王只得对天长叹："天败我也！"这场战争最终以楚国战败而告终，醉酒误事的子反也被楚王以贻误战机之罪杀头。

提问：

1. 你觉得国家大战在即，子反能在这个时候喝醉吗？为什么？
2. 你觉得楚恭王该不该杀大司马子反呢？
3. 如果你是子反，你的国家正在战争，你会怎么做？

案例分析：

子反作为楚国的大司马，国家危难当头，应该集聚人才，紧急献策。众人拾柴火焰高，每个人都是国家的一分子，何况还是楚国的大司马，不应该在紧急时刻喝醉酒而误了国家大事。国家是我们的大家，如果大家丢了，就会失去小家，当个人利益与国家利益发生冲突时，须以国家利益为重。

案例二：乐极可生悲，礼节不可少

张恒是一家公司的经理，平时工作特别认真，人也非常勤奋，对领导也很尊重，受到了领导的重视。有一次，公司有一个重要的生意签约成功，晚上双方领导要在一起庆祝，领导就让张恒陪同一起参加庆祝晚宴。由于张恒平时表现优秀，领导放心地让他陪同对方的领导喝酒。一开始气氛非常融洽，为了让对方领导喝好，张恒不停地敬酒，和桌上的人碰杯，不但让对方喝好，把自己也灌得烂醉。席间，张恒已经面部通红、语无伦次，竟然把自己的手往对方领导的肩上一搭，称兄道弟起来，弄得对方领导很尴尬，餐桌上的其他人也目瞪口呆，自己的领导当时也怒火中烧，但他却毫无察觉。等第二天上班的时候，人事科通知他去一个子公司报到，把他调到了不重要的岗位上。这时，他才追悔莫及，但是已经晚了。

提问：

1. 你知道领导为什么会让张恒参加这么重要的晚宴吗？

2. 你知道领导为什么生气，并且为什么要把张恒调走吗？

3. 在聚餐时，一些人为什么总是要喝酒呢？你知道酒在餐桌上起的作用吗？为什么不能喝多呢？

案例分析：

张恒被领导邀请参加庆祝晚宴，主要职责是照顾好整桌人，目的是让双方高兴。在敬酒的过程中，一定要让宾客尽兴，但一定要有礼貌，给予充分的尊重，不能因为喝得尽兴，而忘记了自己的身份及与对方的关系，这样，就会让对方产生反感，有损公司的形象。

案例三：小毛病喝酒酿大祸

毛大爷突然接到孙子小毛的同学打来的电话，说小毛在附近一小饭店喝了酒，突然不省人事。毛大爷直奔现场，将孙子送到本市的附属医院，幸亏送医及时，在医生抢救了一天一夜的情况下，孙子才脱离生命危险。原来，小毛从小就没有妈妈，只有一个身患残疾的爸爸，所以一直跟随70多岁的爷爷、奶奶生活。小毛在学校受了点委屈，又不好向年迈的爷爷、奶奶倾诉，于是找了三四个同学一起去附近的小饭店吃饭，并点了白酒。正当大家准备结账离开时，小毛因喝酒脸色苍白，最后竟不省人事。小毛被送到医院时已休克，如晚去一点，可能就会有生命危险。

提问：

1. 你知道小毛为什么会去喝酒吗？他这样做对吗？如果你是在小毛这样的家庭，遇到了委屈，你会怎样做？

2. 小毛和朋友去饭店喝酒，这会不会对他的身体造成影响？为什么？

3. 小毛如果晚送医院一步就会有生命危险，如果他真出了事，最伤心的是谁？这样的做法能称为孝顺吗？

案例分析：

小毛在学校受到委屈，这是每个小朋友都避免不了的事情，不想告诉爷爷、奶奶，是因为不想让他们担心，小毛这样做是孝顺。但小毛在没有办法的情况下去饭店借酒消愁，让自己差点失去生命，让爷爷、奶奶担心，这是最大的不孝，而且他自己还在长身体时期，喝酒也会对身体发育有所影响。更重要的是，根据未成年人保护法的相关规定，禁止向未成年人出售烟酒。小朋友，有什么问题我们可以想办法解决，比如找老师或同学帮忙，但千万不能跑去喝酒发泄，遵纪守法、生命健康才是我们最宝贵的财富。

教一教　华礼观点

1. 敬老尊贤——在家庭聚餐中，我们敬长辈时，杯口要比长辈高还是低？

敬酒饮时，无论杯中是茶还是饮料，如果对方是长辈、领导或是有身份的人，与对方碰杯时，自己的杯口应比对方略低，表示对他们的尊重。

餐桌有礼——如何成为餐桌上的礼仪达人

敬老尊贤：自己的杯口应比对方略低（小朋友所端为茶饮）

2. 奉天承运——给他人敬酒饮时，我们可以用左手吗？

给他人敬酒饮时，不可以用左手。

因为在递接时，双手呈递表示大礼，右手呈递表示小礼，左手呈递表示失礼，无手呈递表示无礼。所以给他人敬酒饮时，应当使用双手。

3. 酒满茶半——如果你看到对方杯中还有酒未喝完，要主动向对方添酒吗？

一般必须等到对方空杯后，才可以给对方添酒。依照古礼，只有在丧礼中才有给逝者添酒的礼仪，因为逝者不可能再喝酒了，而作为丧主及逝者家人会依次给逝者添酒，以显对逝者的怀念，这也是《弟子规》中所讲的："丧尽礼，祭尽诚，事死者，如事生。"

4. 以一当十——在哪种情况下，可以一人敬多人？

根据身份、场合来决定。如果自己是长辈、领导、主人，可以采用一人敬多人的方法。

5. 酒能生乱——小朋友在聚餐时，不应饮酒。不能喝酒，用什么去替代？

小朋友未成年，身体正在发育，如果饮酒会影响大脑与身体的发育，另外，根据相关规定，建议小朋友不要饮酒，更不得酗酒。

第六课　敬酒饮礼仪——高高兴兴把杯端

如果需要敬酒，可以用饮料或牛奶代替去敬长辈。

6. 以右为尊——敬酒饮时，应该站在对方的什么方位？

敬对方酒饮时，一般要站在对方的右侧。如果右边已坐满人，就以选择方便操作的一侧为宜。

7. 咫尺天涯——敬酒饮时，能隔着人去敬吗？

不能隔着很多人去敬酒饮，敬酒饮是为了表达对对方的情意。隔着人去敬酒饮，会让中间的这个人感觉不舒服，也让被敬者感觉你没有诚意。

咫尺天涯，隔人敬酒，忽略中间人，不礼貌
（图为错误示范）（小朋友所端为茶饮）

客人右侧，先称呼，后敬茶饮（小朋友所端为茶饮）

109

餐桌有礼——如何成为餐桌上的礼仪达人

8. 执轻若重——敬酒饮的过程中，手应该怎样持杯？

敬酒饮的过程中，端起杯，左手托杯，右手持杯（在古代，寓意左手为地，右手为天）。

执轻若重，重在说敬酒词（小朋友所端为茶饮）

9. 奉者用心——敬酒饮时你知道杯子应该放在自己身体的什么位置合适吗？

敬酒饮时，杯子要放在自己的胸前，杯子不能低于自己的腰部，不然就会显得失礼。

奉者用心（小朋友所端为茶饮）

10. 若即若离——和长辈碰杯时，怎么碰才能显示出对长辈的尊敬？

碰杯时，如果对方是你的长辈，我们要把自己的杯子放低，用左手手指部分托住对方的杯底，稍往上抬，然后右手将自己杯子放低，眼睛望向对方，身体稍向前倾，进行碰杯，这样对方就感受到了你对他的尊重，也显示出我们的礼貌。

身体前倾（小朋友所端为茶饮）

11. 长幼有序——敬酒饮时，应该按什么样的顺序敬酒饮？

（1）在餐桌上，敬酒饮讲究先后顺序，等桌上的长辈喝完，晚辈才可敬酒饮。

（2）一般在餐桌上，前三杯应由主人或长辈申明本次聚餐的主题，并说祝酒词，三杯过后，其余人员方可敬酒饮。

（3）敬酒饮的过程中，从尊者或长者位置开始敬酒饮，然后按顺时针顺序，一一敬酒饮。

（4）如果桌上有小朋友，也应敬小朋友一杯，而小朋友只能拿饮料去碰杯。

餐桌有礼——如何成为餐桌上的礼仪达人

12. 溢美之词——小朋友"以茶代酒"敬长辈时,也需要说祝酒词吗?

聚餐是为了增进感情,所以敬酒时,一定要把自己的想法和对长辈的尊重、感谢或欣赏,用敬酒词给表达出来,这样可以增强长辈对小朋友的认可和欣赏,也可以锻炼小朋友的语言组织能力。

13. 安全第一——喝了酒后,需要叫代驾吗?

喝了酒后,在酒精的作用下,会使人头脑不清醒,对方向不明确,会有交通危险,也违反交通法规,不得开车回家,建议帮喝了酒的人叫他人代驾或联系代驾公司。

看一看 看图学礼

左手持杯是不礼貌的行为(图为错误示范)(小朋友所端为茶饮)

左手持杯(图为错误示范)(小朋友所端为茶饮)

112

第六课 敬酒饮礼仪——高高兴兴把杯端

敬酒饮的过程中,站起身来,面带微笑,双手端起水杯,左手托杯,右手持杯(在古代,寓意左手为地,右手为天)

不能隔着很多人去敬酒饮,敬酒饮是为了表达对对方的情意。隔着人去敬酒饮,会让中间的这个人感觉不舒服,也让被敬者感觉你没有诚意(图为错误示范)(小朋友所端为茶饮)

敬酒时应该在客人的右手边(小朋友所端为茶饮)

113

餐桌有礼——如何成为餐桌上的礼仪达人

　　一个人敬多个人的酒饮，就要注意自己的身份是否适合，一般对长辈可以这样。毕竟小朋友的一般对象都是长辈，除非自己是小寿星等宴会主角时可以同时向大家敬酒饮感谢（小朋友所端为茶饮）

　　隔着中间的人向另外一人敬酒饮，由于手位接近中间的人的脸部，要考虑中间坐着的人的感受（小朋友所端为茶饮）

　　不论喝的是什么，持杯的高度应低于对饮人持杯的高度，以表示心怀敬意

第六课　敬酒饮礼仪——高高兴兴把杯端

唱一唱　童谣吟唱

敬茶饮歌

小朋友，常聚餐；

懂礼貌，知饮礼；

敬饮时，先主人；

喝饮前，祝饮词；

碰杯时，应低碰；

遇尊者，手托杯；

敬饮时，忌隔人；

顺时针，都尊重；

遇儿童，莫忽视；

重适宜，勿误事；

巧用礼，真欢喜。

玩一玩　寓教于乐

游戏《我是小主人》

目标：

1.通过扮演小主人请客吃饭，给孩子扮演主人角色的机会，让孩子邀约小朋友一起吃饭，锻炼孩子的人际交往能力和主持大局的能力。

2.通过正确的茶饮流程，让孩子懂得餐桌文化在人际交往中的重要性，也让孩子学会尊重客人。

准备：

餐桌、酒饮（可以用白开水代替）、杯子、饮料、座位卡。

玩法：

1.先摆好座位卡，上面写上被邀请嘉宾的名字，让小主人邀请各位宾客坐到合适的位子上。

2.先从给大家倒茶饮开始，然后小主人开始讲祝词热场。

3.小主人可以决定先从哪位朋友开始敬茶饮，然后再按自己的方式去敬茶饮，敬完茶饮后再采访一下被敬者的感受（可以用多种方式）。

4.如果中间一位宾客假装喝多，开始和小主人勾肩搭背、大吵大闹或者骂骂咧咧，旁观者观察一下自己有什么感受。

5.在敬茶饮时跳过某位小朋友，看看这位小朋友的反应是什么，再采访一下他有什么感受。

想一想　课后思考

思考一：如何理解"水为酒之血""窖乃酒之魂""粮乃酒之肉""度乃酒之礼"？

提示：

（1）"水为酒之血"。

如果说神奇的赤水河成就了贵州白酒，那么，发源于青藏高原唐古拉山脉的长江则为川酒带来了取之不竭的活水。

从万里长江第一城——宜宾顺流而下，五粮液、泸州老窖、剑南春、沱牌舍得、水井坊等，无不饱受长江水滋养。

（2）"窖乃酒之魂"。

千年老窖万年槽，酒好全凭窖池老。人们以黄泥筑窖，泥里生长着丰富的微生物群，这些微生物赋予酒不同的香气和滋味。

年深日久，窖池越用越老，所酿的酒也越来越好，几乎所有的酒厂都有引以为豪的老窖池，而其中最著名的当数泸州老窖1573国宝窖池群。

（3）"粮乃酒之肉"。

天府之国，沃野千里，四川不但盛产优质的小麦、水稻、玉米等粮食作物，更独产酿酒的好原料——糯红高粱。川南糯红高粱皮薄红润，颗粒饱满，支链淀粉高达90%，富含单宁、花青素等成分，可赋予白酒特有的芳香。

（4）"度乃酒之礼"。

虽然饮酒时我们不因个人情况而限制酒量，但是也不能因为喝酒过量而失礼或误了做重要的工作。

思考二：酒饮在餐桌上起着什么样的作用呢？

思考三：如果在聚餐时，长辈们喝多了，你能想出三种以上关心他们的方法吗？

记一记　华礼语录

1. 敬酒须察言观色，饮酒要量力而行。
2. 今朝有酒不可醉，酒不醉人人自醉。
3. 喝酒不可尽人之欢，做人不可得寸进尺。

4. 酒不可过量，话不可过头。

5. 酒多人癫，书多人贤。

6. 以酒示人显真情，以情敬人现真心，以心动人察仁心。

7. 举杯示君，以情动人。

8. 酒不可无量，人不可无德。

9. 酿酒要合天时地利，做人理当孝悌忠信。

10. 今朝有酒今不醉，他日无德便无路。

11. 有酒有肉皆兄弟，无诗无茶不师友。

12. 无酒不欢欢须有度，乐极生悲悲必有节。

笑一笑　打歇后语

1. 甜酒里兑水——亲（清）上加亲（清）。
2. 小猫喝烧酒——够呛（够受的）。

做一做　章节测试

一、单选题

1. 敬酒饮要注意顺序，不要乱敬酒饮，一般是按照（　　）的顺序敬酒饮。

A. 主人敬主宾，陪客敬主宾，主宾回敬，陪客互敬的顺序

B. 陪客敬主宾，主人敬主宾，主宾回敬，陪客互敬的顺序

C. 主宾敬主人，陪客敬主宾，主人回敬，陪客互敬的顺序

D. 副陪敬主宾，主宾敬主人，主人回敬，陪客互敬的顺序

E. 主宾敬主人后按照顺时针方向依次敬酒

2. 关于饭局敬酒饮的礼仪，不正确的是（　　）。

A. 可以交叉敬酒饮，也可以隔人敬酒饮

B. 敬酒饮时如果你职位比较低，需要单独敬领导的酒饮，不要一次敬多人

C. 敬酒饮时自己的杯子尽量低于领导的杯子

D. 领导先敬酒饮，职位高的依次敬酒饮，然后是陪同人员敬酒饮

二、多选题

1. 敬酒饮应以年龄大小、职位高低、宾主身份地位高低为顺序，一定要充分考虑好敬酒饮的顺序，分明主次，下面描述得当的是（　　）。

A. 众欢同乐，切忌私语

B. 瞄准宾主，把握大局

C. 语言得当，诙谐幽默

D. 劝酒适度，切莫强求

2. 关于长辈与晚辈的敬酒饮礼仪，描述正确的是（　　）。

A. 长辈给你倒酒饮，你一定要站起来，双手举杯

B. 向长辈敬酒饮，同样要起立，双手举杯，说完话后要说如何喝酒饮，比如说是全干，还是喝一半

C. 晚辈要主动给长辈倒酒饮

D. 长辈说话时不能插话，更不能吃东西或者自己喝酒饮

E. 入座时长辈不坐晚辈也不能坐，座位安排要符合长幼主客的次序

3. 同辈间的敬酒饮礼仪，描述正确的是（　　）。

A. 敬酒饮时要目视对方，不随便打断别人的话

B. 别人给自己倒酒饮时要谦让，并做出谢谢的手势

C. 不要用自己的筷子给别人夹菜

D. 不要逼迫别人喝酒饮

E. 称呼一定要得体

三、判断题

1. 在西餐里，祝酒干杯只用香槟酒，并且不能越过身边的人而和其他人祝酒干杯。（　　）

2. 吃西餐时，不能拒绝对方的敬酒，即使自己不会喝酒，也要端起酒杯回敬对方，否则是一种不礼貌的行为。（　　）

3. 吃西餐饮酒忌讳举杯一饮而尽，文雅的饮酒方式是品评酒的色、香、味，慢慢品味。在西餐宴席上往往是敬酒不劝酒，即使是劝酒也只是点到为止。（　　）

4. 不能离开座位去敬酒，在西式宴会上，是不允许随便走下自己的座位，越过他人之身，与相距较远者祝酒干杯的，尤其是交叉干杯，更不允许。（　　）

5. 喝白酒敬酒时与人碰杯，自己的杯身比对方略低时，表示对对方的尊重。（　　）

6. 敬酒饮时候如果你职位比较低，需要单独敬领导的酒饮，不要一次敬多人。（　　）

第七课

端碗礼仪
——恭恭敬敬把碗端

中餐的碗可以用来盛饭、盛汤，进餐时，手捧饭碗就餐。

餐桌之上，父母经常会教导说："端起碗吃饭！"一个"端"字，既是礼仪，更是教养；既要端起，更要端平。试想，一个人连饭碗都端不起端不平，还能做什么呢？把嘴就到碗上而不端碗，如此吃相，像什么样子呢？请问，谁愿意与别人聚完一餐后，被人指指点点呢？

餐桌有礼——如何成为餐桌上的礼仪达人

引语：

饭碗，盛饭之器具也；饭桶、饭盆也是盛饭的器具，但正常人吃饭很少用饭桶、饭盆，所以饭碗就专指了人吃饭的家伙。食色性也，穷人有瓷饭碗，富人有铁饭碗，皇帝有金饭碗，就是一个乞丐也要有一个"要饭碗"。

饭碗饭碗，在中国，饭碗除了代表着吃，还代表着一个人一辈子的营生。所以，饭碗筷子是很重要的。开始吃饭时，把筷子和装着饭菜的碗先后移近自己，然后右手拿起筷子，左手将饭碗平端在胸前。

端饭碗时，拇指扣在碗边，其余四指平托碗底，古人称之为"龙含珠"。右手持筷子夹起食物送入口中，动作要轻柔而利落，古人称之为"凤点头"。对于稀饭、汤等流食，可以把碗端起来饮用，对于固体食物则不能把碗放到唇边扒拉着吃，一律使用筷子夹起来。

端碗要用"龙含珠"的姿势，四指托碗底，拇指扣碗边，不可让指甲伸进碗里。

入营须知：

龙含珠，凤点头。

不偏食，不暴食。

对饮食，勿拣择。

食适可，勿过则。

第七课　端碗礼仪——恭恭敬敬把碗端

读一读　古语导读

古语一：

执虚器，如执盈。——《弟子规》

导读：

拿东西时要注意，即使是手里拿着空的器具，也要像手里端着装满了东西的器具一样小心谨慎，以防打破。

这种专注的精神、细心的行为从小就要养成。我们要教导子女从小养成专注细心的良好习惯，内心谨慎。

古语二：

凡执主器，执轻如不克。——《礼记·曲礼下》

导读：

凡是持拿天子的器物，即使所持之物很轻，也要如执重宝。

在我们日常生活中，每到用餐时刻，都离不开餐具的使用。吃饭时，碗是我们需要用来端着进食的器皿，也是我们用餐的主器，我们要像持拿天子的器物一样来端好手中的饭碗。

碗端的位置与心胸的位置齐平，代表着谦卑。

评析：

在古代，"饭碗"象征着工作和生意。如果饭碗端不好，就意味着要失去这个饭碗，丢掉这份工作。端得起饭碗，就代表着能够自食其力地生活下去。

餐桌有礼——如何成为餐桌上的礼仪达人

听一听　故事案例

案例：不端碗吃饭，丑态百出的李飞

刘彻妈妈、刘彻要和李飞一起聚餐，李飞学习很勤奋，成绩非常好。家长们都把李飞当作自己孩子的榜样，刘彻妈妈也经常在刘彻面前谈起李飞，因此刘彻很想看看李飞是什么样子的。

到了就餐时间，大家就座后开始就餐，刘彻看到李飞不用手端碗吃饭，而是弯腰塌背低头，拿筷子往嘴里扒拉食物，使米饭掉了一地，还不时地听到有餐具碰到碗的声音。

上新菜的时候，刘彻看到了一盘自己最喜欢吃的鸡腿，就耐心地等待盘子转过来，当他拿起筷子准备夹菜时，发现鸡腿很快被转走了，抬头一看，原来是李飞，只见他把那盘鸡腿转到了自己面前，下手就吃。

再一看，李飞的身边已经摆满了好几盘菜，满满当当，而大家都还没来得及品尝。李飞把自己喜欢的东西都放到面前后，也没有和大家说一声，直接就吃了起来，狼吞虎咽，"吧唧吧唧"的声音连续不绝。本来和谐的氛围开始变得有些冷场和尴尬，大家默默地将饭吃完，各自打了招呼就都散去了。大家都觉得李飞虽然成绩优异，但是在礼仪礼貌方面太欠缺，缺少对别人的尊重，让人笑话。

到了家之后，妈妈变得很沉默，不再对着刘彻唠叨。

刘彻问："妈妈，你怎么了？"

妈妈说："李飞成绩很好，本来我想带你去向他学习一下，但是没想到在用餐、待人处世方面他一点都不懂，还闹了笑话。你觉得今天他的表现好吗？"

第七课　端碗礼仪——恭恭敬敬把碗端

刘彻噘着嘴说:"不好,吃饭不端碗,弯腰塌背的,吃相好难看,也不顾别人的感受,我想吃的鸡腿也被他抢了过去。"

妈妈说:"所以啊,当我们在公共场合吃饭时,应该懂得端碗礼仪,要学会尊重别人,关心他人,饭碗都端不正的人,不配吃饭。"

刘彻很认真地问:"妈妈,那我应该怎么做呢?"

妈妈说:"第一,吃饭时,我们要端着碗,身体端正恭敬,并且要轻拿轻放,只有动物才用嘴对着碗吃饭,吃相是非常难看的。第二,吃饭时我们应该先请客人、长者动筷子,然后自己再吃。聚会时大家还没开始,李飞就先吃了起来,这是非常不礼貌的。第三,吃饭时也不要出声,发出很大的吧唧声非常不好。另外,上菜时也应该注意,每当上新菜时,我们应该请长辈、客人或者其他人先动筷子,等转到自己的面前时再吃,这是表示对他人的尊重,更不可以遇到自己喜欢吃的东西就把东西端下桌,直接放到自己的面前而不让别人吃。所以刘彻,我们不能像李飞那样,我们要做一个知礼、懂礼、有礼的人。"

"知道了,妈妈,我要做懂礼、有礼貌的人。"刘彻很坚定地回答妈妈。

提问:

1. 李飞的学习成绩很好,本来刘彻的妈妈要带刘彻去向李飞学习,为什么吃完饭后刘彻妈妈开始变得沉默了呢?

2. 如果你是李飞,参加长辈的聚会,在用餐时,你会怎么做呢?

3. 端碗吃饭,左手的大拇指应该放在碗的什么位置会比较稳呢?

4. 在用餐时,看到自己非常喜欢的食物,你会像李飞那样全部都夹到自己的碗里,还是会像刘彻那样耐心等待餐盘转过来呢?

案例分析:

用餐中,不要伏在碗边吃饭,应该端着碗吃饭。也就是说,人在吃东西时要把食物拿到嘴边吃,而不要把嘴巴凑到食物上去吃。刘彻妈妈看到李飞非常失礼的用餐行为,所以回家后沉默不语。小朋友要从小养成良好

餐桌有礼——如何成为餐桌上的礼仪达人

的用餐习惯。

1. 吃饭时不可以有太多动作，很容易碰到身边人，或者打翻东西。

2. 用餐过程中，应注意随时保持桌面的整洁。

3. 添饭时，碗不要从人前过，要从人后递碗，也可以有礼貌地请旁边的人帮忙。

4. 食物要小口吃，免得噎住。

5. 吃东西、喝汤时不要发出声音。

6. 遇到自己喜欢吃的东西时，等食物转到自己面前的时候再吃。

7. 餐桌上记得使用礼貌用语；离开餐桌时要和其他人打声招呼；打翻东西、水杯时，要说"对不起"；对别人的帮忙，要说声"谢谢"。

教一教　华礼观点

1. 平平稳稳——在我们参加聚会或者日常端碗用餐时，大拇指放在碗的什么位置比较稳？

端碗时，大拇指扣住碗口，其余四个指头托住碗底，手心空着。左手端碗的姿势像龙含珠；右手拿勺筷吃饭的姿势像凤点头。

2. 规矩进食——我们在用餐时，是端起碗去找嘴用餐，还是用嘴巴去找碗？

在用餐过程中应该端碗吃饭，要把食物拿到嘴边进食。不端碗，伏在桌子上对着碗吃饭，不但吃相不雅，而且会压迫胃部，影响消化。

3. 随机而变——所有的小朋友都可以端碗吃饭吗？

年龄比较幼小的小朋友吃饭不用端碗。由于碗太大，比较幼小的小朋友端不住碗，只要一手扶住碗，一手拿勺子用餐就可以了。

4. 落落大方——怎样端起碗用餐更加雅观？

端碗吃饭时，用双手端碗吃饭是不雅观的。碗主要是用来盛放主食、羹汤的，所以不能双手端起碗来进食，不能将碗倒扣在桌上。

5. 因地制宜——食堂里的快餐盒也需要端吗？

快餐盒的盒子很大，大人与小朋友都不好端，而且塑料制品比较软，端起来也很不雅观。可用托盘取，吃的时候可以放在桌子上，只要把盘子稍微端起来。

6. 恭恭敬敬——你知道托碗吃饭要表达的意义吗？

托碗吃饭适合在需要讲究礼节的场面进行，比如在领导、老师、长辈等面前应该托碗吃饭，表示尊重。这样才会受到他们的青睐，因为这是一个人良好修养的表现。

7. 物尽其用——你知道不用的旧碗要如何处理吗？

旧的碗不可以随便扔，可以把不用的碗进行废物利用，或者用红布包着扔到垃圾堆里。

在民间有一种说法，饭碗象征着工作和生意，如果把"饭碗"扔了，也就意味着把工作和生意扔掉了；"碗"还寓意"完"，旧碗扔了，也就寓意"完"了。

8. 民风民俗——已经破裂的碗可以继续使用吗？

已经破裂的碗不要继续使用。在一些地方，祭祀墓地时使用破裂的碗。这是为了让故去的人明白这个碗都不使用，为了表示怀念的意思。而且破裂的碗容易伤到使用者。

9. 安安分分——在吃饭的时候，小朋友可以端着碗到处乱跑吗？

吃饭坐到哪个位子就不能再换，更不可以端着碗到处跑。如果在外就餐，餐厅的人会很多，端着碗乱跑会不小心烫伤或者被撞到，影响自己以及他人的安全。

10. 去粗取精——在端碗吃饭的时候应该注意的五大要点。

（1）碗要端稳，饭碗不要倾斜，汤食易洒。

（2）端碗吃饭时，手肘不要打开，会碰到旁边的人，并且不雅观。

（3）食用碗内盛放的食物时，应以筷子、汤匙加以辅助，不要直接下手取用，或不用任何餐具以嘴对着碗吸食。

（4）碗里如果有食物剩余，不可以将食物直接倒入口中，也不能用舌头伸进去乱舔。

（5）端碗进餐时，不要吃得碗周围都是米粒，"谁知盘中餐，粒粒皆辛苦"，我们要爱惜粮食。

11. 忌讳之禁——在用中餐时，端碗的三大禁忌要记牢。

（1）端碗时忌手心朝上托碗。这个忌讳和乞丐乞食有关，因为乞丐乞讨时，就是手心朝上，手掌托碗；而我们平时吃饭则是用手端碗。因此，这种吃饭的姿势，也是被视为不雅。

（2）大碗忌用双手端。吃面条、泡馍、饺子等所用的碗较大，最好不要端着，大碗端着很不雅观，而且容易烫到，自己也会很累。要特别注意的是，对于放在桌子上的大碗，在吃饭的时候千万不要把嘴凑到碗边去吃，而要用筷子或勺子取食，然后送到嘴里。

（3）忌一边端碗，一边用筷子敲碗。以前用筷子敲碗几乎成了乞丐的标志性动作。所以，家教好的孩子，从小就被告知，不可以用筷子敲碗。调皮的小孩子如果故意违反，是会受到家长严厉指责的，甚至被罚。而成人如果还有这种行为，则会被视为缺少家教。

12. 病从口入——在用中餐时，服务员上的湿毛巾有什么用途？

中餐用餐前，一般会为每位用餐者上一块湿毛巾。这块湿毛巾的作用是擦手。擦手后，应该把它放回身体左侧的盘子里，或者由服务员拿走。而宴会结束前，服务员会再上一块湿毛巾，和前者不同的是，这块湿毛巾是用于擦嘴的，不能用其擦脸或抹汗。

第七课 端碗礼仪——恭恭敬敬把碗端

看一看　看图学礼

四指托碗底，拇指扣碗边，不可让指甲伸进碗里

不良用碗进餐姿势：身体倚伏在桌上

餐桌有礼——如何成为餐桌上的礼仪达人

以食就口：应端碗去找嘴

忌趴在碗上吃饭，不伏碗吃饭，应端碗吃饭，亦即不以口就食
（图为错误示范）

第七课　端碗礼仪——恭恭敬敬把碗端

喝汤或吃流体食物时，可捧碗

端着碗，上半身保持直立，就是餐桌上优雅的表现

餐桌有礼——如何成为餐桌上的礼仪达人

双手端碗,伸向大人添菜,类似于乞讨,建议动作不要太夸张(图为错误示范)

饭后不能倒扣碗,一般只有洗碗沥水时才倒扣碗(图为错误示范)

第七课　端碗礼仪——恭恭敬敬把碗端

唱一唱　童谣吟唱

端碗礼仪要牢记

用餐前，有礼貌，尊者动碗幼者后。

端碗用餐形象好，不用双手不乱跑。

用餐时，要坐好，执稳筷子碗端牢。

不玩餐具不敲碗，闭上嘴巴安静嚼。

玩一玩　寓教于乐

游戏《端碗持筷吃蓝莓比赛》

目标：

通过游戏，真实演练端碗持筷，掌握坐姿，给小朋友带来实操场景，既可通过演练纠正端碗姿势，又可练习持筷姿势、就餐坐姿。

准备：

桌子、椅子、音乐、蓝莓、碗、筷、第一名奖品、第二名奖品、第三名奖品。

玩法：

小朋友分三位到五位一拨，一起入座吃蓝莓，端碗正确，又干净吃完水果的，得到奖品。

餐桌有礼——如何成为餐桌上的礼仪达人

想一想　课后思考

思考一：在端碗吃饭的过程中，还应该注意哪些礼节？

思考二：端碗盛饭时，是把碗单手递给对方还是两只手递给对方？

思考三：在端碗进餐时，总会有一些令人尴尬的情况发生，小朋友通常会怎么做呢？请从下面这些进餐方式中选择出你认为正确的。

1. 吃到特别辣的食物，慌乱地将食物吐到碗里。

2. 不小心把装满饭的碗撞到了朋友身上，使朋友身上沾了很多饭粒，先道歉，再轻轻地帮对方擦拭，最后礼貌地清理桌面和地面。

3. 端碗吃饭时，发出筷子撞击碗的声音。

4. 对着餐桌大声咳嗽、打喷嚏。

笑一笑　打歇后语

1. 东家的饭碗——难端。

2. 牛皮饭碗——打不破。

3. 买碗的里外看——找碴子。

4. 小碗儿吃饭——靠添。

5. 端着糊涂碗落泪——眼见为实。

6. 端着金饭碗讨饭——装穷。

第七课　端碗礼仪——恭恭敬敬把碗端

做一做　章节测试

一、单选题

1.《红楼梦》第四十回有这样的描述：贾母这边说声"请"，刘姥姥便站起身来，高声说道："老刘，老刘，食量大似牛，吃一个老母猪，不抬头。"自己却鼓着腮不语。众人先是发怔，后来一听，上上下下都哈哈大笑起来。史湘云撑不住，一口饭都喷了出来；林黛玉笑岔了气，伏着桌子叫"哎哟"；宝玉早滚到贾母怀里，贾母笑得搂着宝玉叫"心肝"；王夫人笑得用手指着凤姐儿，只说不出话来；薛姨妈也撑不住，口里的茶喷了探春一裙子；探春"手里的饭碗"都合在迎春身上；惜春离了座位，拉着她奶母叫"揉一揉肠子"。

这是刘姥姥进大观园的著名片段，从中可以看出（　　）。

A．"一口饭都喷了出来"说明自古以来，吃饭是一件很随意的事

B．"茶喷了探春一裙子"说明喝茶的礼仪在古时不受重视

C．"林黛玉笑岔了气，伏着桌子"说明古时就是伏在桌子上吃饭的

D．饭碗在探春的"手里"，说明自古以来就是碗在手里，平时强调端着碗吃饭

2．参加自助餐宴请，再次取菜时应做到（　　）。

A．为减少服务员麻烦，应继续使用刚刚用过的餐盘

B．换个座位，更换全套餐具

C．扔掉用过的

D．不使用已经用过的餐盘，使用新的餐盘

餐桌有礼——如何成为餐桌上的礼仪达人

二、多选题

在中餐宴会中,使用碗有哪些注意事项?(　　　)

A. 不要端起碗吃

B. 不要捧起碗吃

C. 不用的碗不要往里面扔东西

D. 以上都不正确

三、判断题

1.吃中餐的基本礼仪之一:不伏碗吃饭,应端碗吃饭,亦即不以口就食。(　　　)

2.《礼记·曲礼》载:"共食不饱,共饭不泽手。毋抟饭,毋放饭,毋流歠,毋咤食,毋啮骨,毋反鱼肉,毋投与狗骨。毋固获,毋扬饭。饭黍毋以箸,毋嚃羹,毋絮羹,毋刺齿,毋歠醢,客絮羹,主人辞不能亨,客歠醢,主人辞以窭。濡肉齿决,干肉不齿决,毋嘬炙。卒食,客自前跪,撤饭齐以授相者,主人兴辞于客,然后客坐。"这是吃饭时要讲究的礼仪。我们的祖先如此崇尚饮食中的礼仪,那是因为讲究饮食礼仪是个人修养最直接的体现。(　　　)

第八课

执筷礼仪
——动动手指把菜夹

　　凤凰以其外形和习性的优雅不凡被誉为"百鸟之王"。你知道古人是怎么把凤与餐桌上的筷子联系在一起的吗？

　　在《宋书·瑞符志》中有记载："食有节，饮有仪，往有文，来有嘉；游必择地，饮不忘下。"意思是说，羽毛漂亮的凤凰在走来走去踱步时很斯文，吃食物不贪很有节制，饮水的仪态很优雅，对停歇的地方也有所选择……

　　看来凤凰不仅外表、形象美丽，而且习惯、习性也美，所以，我们就不难想象出古人把餐桌上优雅的执筷动作比作"凤点头"的寓意，这是对餐桌上执筷优雅的举止给予了多么美好的夸赞啊！

餐桌有礼——如何成为餐桌上的礼仪达人

引语：

一双筷子，承载着中国人数千年的情感和记忆。其实早在春秋战国时期，就有中国人巧妙地运用杠杆原理发明了筷子，摆脱了平勺和手，帮助人们更好更卫生地进食。

每个中国人都会用筷子，每个中国人都要用筷子。它是文化，是习惯，也是我们表达情感的工具。中国人一辈子唯一拿得起、放不下的，就是筷子。

筷子不仅承载着文化，更承载着一种情感。

父母教子女使用筷子是一种文化传承，父母在饭桌上言传身教使孩子明礼。而随着几千年历史的演变，筷子已经不仅仅是两根细棍组成的餐具，更被赋予了情感和寄托，成为中华民族文化和情感传承的载体。

筷子，是父母对归家孩子表达的关爱，是夫妻之间心心相印的守望，是海外游子对祖先和故土的思念。小小的一双筷子浓缩了中华民族最深邃的爱意与情感。

筷子，是邻里之间相帮相助的关怀。正如这么一句俗语："多个人多双筷子。"就很好地诠释了中国人对邻里间互相帮忙的认同和推崇，表明了筷子对于中国人而言除了充当餐具之外，更主要的是传递真情。

宋代女诗人朱淑真写过一首《咏箸》的诗："两个娘子小身材，捏着腰儿脚便开，若要尝中滋味好，除非伸出舌头来。"

在中国，筷子文化源远流长，看似平淡无奇的两根小棍儿却承载着丰富的文化内涵。中国人对饮食极为讲究，孔子的"食不厌精，脍不厌细"可以看作对饮食礼仪的一种追求。中国人重视血缘纽带、聚

第八课 执筷礼仪——动动手指把菜夹

族而居，这使得人们在使用作为日常事物或生活必需品的筷子时自然而然地形成一些礼节与禁忌。

入营须知：

殷勤向竹箸，甘苦尔先尝。

滋味他人好，尔空来去忙。

筷子如锥，但比锥敏捷；

筷子如钳，但比钳温柔；

筷子如剪，但比剪缠绵。

筷子成双，长短一致；

同行过日子，平行如搭档。

读一读 古语导读

古语一：

"饭涩匙难绾，羹稀箸易宽。"——唐·薛令·《自悼诗》

"犹箸也，羹之有菜者用，其无菜者不用。"——《礼记》

导读：

我们中国古代人怎么称呼"筷子"呢？

汉代的许慎在《说文解字》中把我们现在用的筷子称作"箸"（或"筯"）。"箸"是一种餐桌上帮助我们取食物的工具，大多是竹木制成的。曾经有唐朝诗人薛令描写餐桌上羹稀时（羹的意思是汤）选用"箸"的诗

餐桌有礼——如何成为餐桌上的礼仪达人

句。民俗中约定了用"箸"捞汤里的菜，用勺子吃饭。《礼记》中也同样有记载，"箸"是汤里有菜时用，没有菜时是不用的。

古语二：

"子能食食，教以右手。"——《礼记》

导读：

观察一下我们身边的人，你会发现大多数人都用右手执筷，只有少数左手用力的人会用左手执筷。左手执筷的人和右手执筷的人如果邻座就餐，常会发生两人执筷的手臂或筷子"打架"的状况。

你知道古人教小孩子用哪只手执筷吗？

《礼记》中有记载，当小孩子的手可以灵活拿筷子时，大人就要教小孩子学习用右手执筷。

古语三：

"民间俗讳，各处有之，而吴中为甚。如舟行讳住、讳翻，以箸为快儿……"——《菽园杂记》

导读：

在我们现代人的餐桌文化中，依然还流传着一个习俗。尤其是年夜饭的餐桌上，寓意连年有余的鱼通常是一条大鱼。当盘中鱼冲上一面的肉被吃光时，家中长者常会带领众人齐用筷子把鱼翻到另一面。大家明明是在把鱼翻过来，但在翻动时人们嘴上却说"把鱼划过来"，这是为什么呢？

因为地域文化的差异使不同地区形成了特定的一些民俗忌讳。例如，在江南水乡的船家就非常忌讳"住、翻"这样的字眼儿。因为船家担心船会在行驶过程中停滞不前或者翻了。所以，忌讳发"箸"的谐音"住"（意思是"停滞不前"），后来就渐渐地将"箸"改作"快"，期待行船畅通无阻。据说，到宋代以后，又在"快"字上加了竹字头。于是便有了现代的"筷子"。（明代陆容《菽园杂记》记载）

古语四：

是故，易有太极，是生两仪，两仪生四象，四象生八卦，八卦定吉凶，吉凶生大业。——《易传·系辞上传》

导读：

中国古人执筷用两根，而不是一根或者三根。筷子出双入对，两根为一双。其中蕴含了中国文化中太极和阴阳的智慧。太极是一，阴阳是二；一就是二，二就是一；一中含二，合二为一。执筷夹菜时，一根在上，一根在下。一根主动，一根跟随而动。在上的为"阳"，在下的为"阴"。动的一根被称为"阳"，跟随而动的一根被称为"阴"。上下可互换，主动的和跟随的都可以互换，配合默契。"阳化气，阴成形"，阳气与食物一起吃进嘴里，易于消化。可见，筷子是多么完美的阴阳组合啊。

听一听 故事案例

案例一：餐桌上打鼓的筷子

假期的第一天，小昱被窗外叽叽喳喳的鸟叫声吵醒了，揉着眼睛对身边还睡着的妈妈说："妈妈，快起床啦。"

妈妈说："今天你又不上学，多睡会儿。"

小昱说："我们不是和娃娃姐约好今天去外婆家吗？"

妈妈说："好吧，宝贝。"

勤快的小昱爸爸早就把准备好带给外公、外婆和表姐娃娃的礼物装到车上。一家人就这样直奔外婆家聚会了。

久别重逢的小昱、娃娃小姐弟玩得超级开心。外婆家的厨房里不时地传出叮叮当当锅碗瓢盆的声音。小昱闻到饭香了。突然，厨房有声音传来："准备开饭喽！"

餐桌有礼——如何成为餐桌上的礼仪达人

小昱:"娃娃姐,我力气大,摆椅子。"

娃娃:"我去厨房取筷子。"

很快,小昱按家里的人数摆好了椅子。转身一看,拿到筷子的娃娃姐把一把筷子已经放在桌子上。

小昱说:"娃娃姐,妈妈说过需要把筷子分到每一个人的筷架上,或者味碟上。"

娃娃说:"我没看见筷架啊。"小昱去厨房没找到筷架,外婆提供了餐碟。

问题来了,筷子放在碟子左侧还是右侧?竖着放,还是横着放?这难住了姐弟俩,后来还是外公出面解决了问题。

大家都就座了,饭菜上齐,可以开餐了。小昱早就忍不住了,盯着一道菜拿起筷子就夹。妈妈在旁边轻轻地叫了一声:"小昱。"小昱红着小脸,把夹在筷子上的菜立即放到外公碟子里,说:"第一筷子的菜要给外公、外婆吃。"又快速夹了一筷子给外婆。外公、外婆同声夸赞:"谢谢,好外孙!"

坐在一旁的娃娃急坏了,用筷子敲起了自己的碗边,愤怒地喊:"他都犯错误了,怎么还夸他?"外公边夹了菜给娃娃,边笑呵呵地说:"看来我的外孙女是不知道用筷子敲碗不礼貌啊。"这时,一直没说话的小昱的爸爸起身去厨房,拿来了一双公筷,夹了外公和外婆平日里最爱吃的菜,恭恭敬敬地放到两位老人的碟子里,并说了一句:"请爸爸、妈妈尝尝。"就是这么一个举动引起了全桌人的注意。

娃娃说:"姨夫,我也要用公筷。"娃娃用公筷夹了妈妈平时喜欢的菜,学着说了句:"请妈妈,尝尝!"

这一次家庭聚餐的餐桌上就没再听见像讨饭一样的筷子敲碗的声音,餐桌上充满了礼敬和笑声。

提问：

1. 在家庭聚餐时，如果你负责摆筷子，应该怎么摆放呢？
2. 家庭聚餐开始了，先请谁夹第一筷呢？为什么？
3. 我们能用自己的筷子给别人夹菜吗？
4. 在餐桌上劝菜需要注意哪些礼节？
5. 在餐桌上拿筷子敲碗引起他人注意或者关注算不算失礼呢？

案例二：筷子是如何诞生的

关于筷子的诞生，有一个传说。

大禹受命治水，三过家门而不入，他舍不得耽误时间，便总是在野外煮食。

一次，他在野外用陶锅煮兽肉时，因汤水沸烫而无法抓食炖肉，他便折来树枝，用之夹肉食用。久之，便练成了以枝取食的本领。部下见之，纷纷效仿，这样便渐渐形成了筷子的雏形。

当然，任何传说都是经过加工的。大禹创造筷子的故事也不例外，它只是将劳动人民的制筷故事，浓缩、集中到了大禹这一典型人物身上。

传说虽非正史，但因熟食烫手，筷箸应运而生却是合乎人类生活发展规律的。所以，筷子应该是在夏朝诞生的。因为到了商朝，筷子已被普遍使用。《史记》记载："纣为象箸，而箕唏。"

殷纣王即位后，命人为他琢象牙筷。贤臣箕子说："象牙筷不能配瓦器，要配白玉杯。白玉杯不能盛野菜粗粮，只能配山珍海味。吃了山珍海味就不愿穿粗葛、住陋屋，而要衣锦绣、乘华车、住高楼……"纣王不听箕子劝告，终因淫奢而亡国。

餐桌有礼——如何成为餐桌上的礼仪达人

教一教　华礼观点

1. 长短有度——筷子标准长度为何是七寸六分？

古人制定筷子的标准长度为七寸六分（约 25.33 厘米）。为什么定下这样一个看似奇怪的长度？七寸六分代表人有七情六欲，是一个人的心理活动与表现。七情指喜、怒、哀、乐、悲、恐、惊的情感表现；六欲指人的眼、耳、鼻、舌、身、意的需求或心理愿望。筷子代表着人取食所具有的一种实用工具，承载了中国几千年的吃穿住行的文化内涵，藏着中国人的大智慧。

西式餐点进入中国后，很多人都学用刀叉吃饭，觉得这样吃饭的仪态很有品位。可很多人不知道，刀叉是冶金术成熟后才有的用具。而冶金术是 15 世纪才发明的，在广泛应用于日常生活之前，西方人其实是用手吃饭的。

相比之下，筷子的文明史，那可比刀叉的历史悠久多了。

筷子代表的不仅是文化，更是一种情感

2. 天圆地方——你知道筷子形状的寓意吗？为何筷子一头圆一头方？

中国人的筷子一头圆，一头方，因为这象征着天圆地方，亦即象征着乾坤天地之象。易经八卦中，方形为坤卦，圆形为乾卦，坤有柄象，把手之意；乾为天，为第一，"民以食为天"由此而来。圆的一头用来夹菜吃饭，方的一头摆放在桌上不易滑落。手拿筷柄，用筷头夹菜，坤在上乾在下，这是地天泰卦，表示和顺通达。相反则是乾上坤下，天地否，不交不通。这样用起来，自然甚是可笑。

3. 同质成双——筷子是两根，为何要称为一双，筷子必须成双地摆放在餐桌上吗？

是的，筷子通常被成双地摆放在筷架或者筷柱上。我们常常能通过不同家庭对筷子的选择，判断出这一家人的用餐文化。每个人的筷子必成双，要求材质、长短、形状也一致。

筷子明明是两根，但我们从来不会说"两根筷子"，而是说"一双筷子"。筷子为什么要称一双呢？其实这是太极和阴阳的理念，太极是一，阴阳是二；一就是二，二就是一；一中有二，合二为一。这是中国人的哲学。中国人的理想和现实，灵魂和肉体也是合二为一的。我们每天用的筷子里就有信仰，举手投足都是理念、通达、智慧。

4. 举案齐眉——摆放自己的筷子时，必须是筷尖对齐摆放吗？

筷尖必须对齐摆放。用餐前摆放筷子有两步。首先，避免手碰触筷尖，拿起筷子把筷尖对齐。其次，把筷子整齐地竖放在自己的碗右侧的筷架/筷柱上。如果没有筷架/筷柱，则可以放在自己面前的味碟靠右侧的一边，依然保持对齐竖放。

5. 筷指人心——摆在你身边的筷尖能直接指向对面的就餐人员吗？

绝对不能。中国地大物博，虽然十里不同俗，各地域各有民俗各有忌讳，但是尖锐物指向人就像用刀尖戳一样。所以，把筷尖稍稍调整，调至

餐桌有礼——如何成为餐桌上的礼仪达人

冲向对面两人的身体的空隙处，避免他人因忌讳不悦。

6. 食前方寸——在用餐过程中，需要和他人交流的时候，筷子放在哪里比较合适呢？

如果有人把筷子散乱地放回，或者交叉摆放在餐桌上，或者插到饭碗里、扎到馒头上等都是极其失礼的表现。嘴巴一边吃一边说，一边拿着手里的筷子跟着比比画画，或者用筷子指人，都会被视为失礼的吃相。

7. 公私分明——用餐时要准备一双"公筷"吗？

最好准备一双。由于餐桌上的菜肴种类繁多，作为中餐桌上的主餐具的筷子，使用时除了能夹菜，还能拨剔鱼刺，能挑粉丝和面条，能扒平嫩嫩的水豆腐，能拌凉菜，能撕肉丝，等等。处理公共餐盘里的食物时，要出于卫生和尊重其他人的考虑。

公筷一般放在外侧，也可以根据个人偏好摆放

8. 悦人达己——你知道历史上哪位皇帝亲自使用过"公筷"吗？

明代田汝成在《西湖志余》说，宋高宗赵构在德寿宫每到进膳时，"必置匙箸两副，食前多品择取欲食者，以别箸取置一器中，食之必尽；饭前，则以别匙减而后食。吴后尝问其故，曰：不欲以残食与宫人食也。"即宋高宗用膳时，要用两套匙箸，多余的那一套是用来拨取菜肴和饭食

第八课　执筷礼仪——动动手指把菜夹

的，赵构是想自己能吃多少就拨出来多少，因为剩下的馔品还要赐给宫人，用自己吃过的匙箸去拨，就弄脏了。每到吃饭时，他都要额外多预备一副类似于我们现代人用的"公筷"的筷子和勺子，用这双筷子夹菜，用这个勺子盛饭，避免自己的筷子和勺子弄脏了多余的食物，给予被赏赐饭食的宫人足够的尊重。"上有所好，下必甚焉。"久而久之，官员和民间便形成了这个传统。"公筷"就这样诞生了。

9. 独食难肥——我们自己面前摆了一道合口味的菜，能不能尽量多地夹到自己的碗碟里呢？为什么？

虽然没有人监督我们，也没有规定限制我们每一筷夹取的佳肴的量，但是我们把自己喜欢的菜肴都大量地夹给自己，可能他人的那一份就被我们占有了。如果这样换位思考，就可以避免我们因独食而失礼。一般来说，每一次夹取回来的菜肴，以取自己一口能吃的量为宜。不间断夹取面前的同一道菜时，最好连续夹取不超过三筷。

10. 远愁近虑——执筷的手距离筷尖多远比较合适呢？

通用的较广泛的执筷方法是使筷尖大约距离手掌三分之二。

上面的那根筷子用大拇指、食指和中指控制，中指会使两根筷子改变方向，而且能让拿筷子的手有力量

147

餐桌有礼——如何成为餐桌上的礼仪达人

11. 留筷陪君——怎么才能不开口说话，就使别人知道你已经饮足饭饱了？

谈到这个话题，不得不谈一下结束就餐的"横筷礼"。

横筷的做法：把自己的筷子尖对齐，整齐地横放在自己的碗碟上。以这个动作默默宣布自己已经吃饱喝足，不再动筷了。

横筷的注意事项：

（1）在与平辈人或熟悉的朋友用餐时，主人会在主、客饭饱饮足不再吃喝时，把筷子横放在自己的碗碟上，但主人不安排收拾碗筷，意思是"人不陪君筷陪君"。

（2）如果餐桌上有长者，一定要等长者横筷后，才可以跟着做。

12. 手有余香——筷子能作为礼物馈赠他人吗？

筷子是寓意吉祥的馈赠礼物。自古以来，亲朋好友之间，就有互送筷子祝贺的礼俗。

送新人，寓意"天长地久，快生贵子"。

送恋人，寓意"成双成对，永不分离"。

送朋友，寓意"平等友爱，和睦相处"。

送老师，寓意"耿直而不弯曲，奉献而不求回报"。

送老人，寓意"快乐永久，福寿无疆"。

送孩子，寓意"快长快长"。

送老外，寓意"中华文化，源远流长"。

送商业伙伴，寓意"互相依存，不可缺一"。

送给乔迁者，寓意"快快发家"。

13. 源源而来——筷子为何叫作筷子？

筷子最开始叫作"箸"。先秦祭祀时，常在煮熟的食物上插一双竹筷，以便祖先享用。"煮"和"者"在古代是同一个字，于是人们形象地创造了一个字——箸。后来虽然也叫过"梜"或"筯"，但终不及"箸"来得形象，故宋、元、明皆统称为"箸"。

"箸"演变为"筷"，与明朝时江南水乡的民俗讳言有关。明人陆容所著的《菽园杂记》记载："民间俗讳，各处有之，而吴中为甚。如舟行讳'住'，讳'翻'，以'箸'为'快'。"吴中多水泽，舟楫往来频繁，但"箸"字与"住"同音，船家最怕抛锚停住翻船，便将"箸"改为"筷"，以求"快"行。久而久之，筷子之名便流传开来。

14. 地灵人杰——筷子在中国为何压倒了刀叉匙？

先秦时代，匕（勺子）箸分工十分明确。《礼记》说："羹之有菜者用梜，其无菜者不用梜。"梜，也就是筷子。就是说，筷子是专用于夹取羹汤中菜食的。《礼记》中还有一句"饭黍毋以箸"，就是说，吃黄米饭不能用筷子。先秦及以前，吃饭基本用手抓。《礼记》还有"共饭不泽手"的记载，所谓"共饭"，就是把饭盛在大器中，供席上抓食。

那筷子是怎么成为主要餐具的呢？主要由于两大原因。一是食物和饭太烫，不能用手抓，心急吃不了热豆腐。二是炒菜逐渐普及。烹饪食物时，主辅料已经切碎，用勺子取食反而不如筷子方便。

正是因为中国饮食的博大精深，筷子在通用性上压倒了刀叉匙。

15. 公筷行动——为什么现代社会倡导"用公筷"，做餐桌礼仪的引导者？

"公筷行动"是对自己和他人健康负责，用公筷为他人夹菜，是对他人的尊重，也能体现对客人的热情。各饭店、餐馆、食堂，带头推广普及"公筷行动"，做好宣传提示工作，服务人员要为客人主动提供公筷（或公勺），做好公筷公勺的餐具消毒工作，做"公筷行动"的引导者。

多一双公筷，多一份健康。从现在开始，请大家行动起来，积极推广"公筷行动"，用"小餐桌"带动"大文明"，让安全、健康、文明的用餐方式惠及每个家庭、每位群众，展示文明用餐形象。

餐桌有礼——如何成为餐桌上的礼仪达人

看一看　看图学礼

传统握法：上面的那根筷子用大拇指、食指和中指捏住控制，使上面那根筷子能活动；下面的筷子要固定住（通常用虎口和无名指顶住），只动上面的筷子夹食物

龙含珠，凤点头

第八课 执筷礼仪——动动手指把菜夹

横筷礼：把自己的筷子尖对齐，整齐地横放在自己的碗碟上，暗示不再动筷了。可是如果饭前这样做，就是对主人的不尊敬了（右图为错误示范）

把自己的筷子尖对齐，是用右手指移动，而不是在桌子上对齐
（图为错误示范）

151

餐桌有礼——如何成为餐桌上的礼仪达人

趴在碗上吃饭被认为是不雅吃法（图为错误示范）

除非够不着，建议一般不要站起来夹菜

以下是筷子用法的十二大禁忌。（以下各图皆为错误示范）

一忌"三长两短"。

第八课　执筷礼仪——动动手指把菜夹

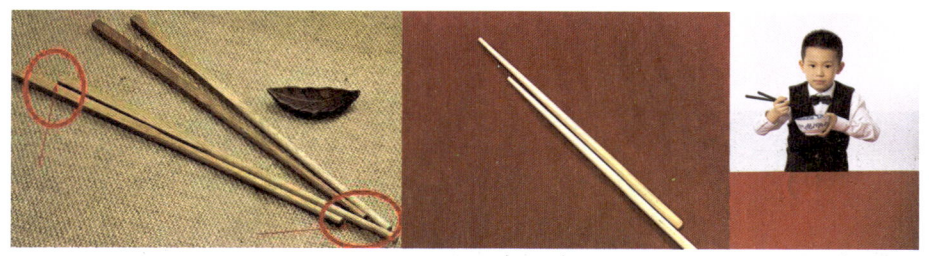

忌：一双筷子有长有短

表现：将长短不齐的筷子放在桌子上。

解释："三长两短"不吉利，象征"灾祸"或"死亡"。

规矩：摆筷时，筷子一定要长短整齐。

二忌"仙人指路"。

忌：执筷时，食指不握筷，伸出去的食指像是在指人

表现：握筷时将食指伸出或拿筷子指人。

解释：宛若"指责"，状如"骂街"。

153

餐桌有礼——如何成为餐桌上的礼仪达人

规矩：用筷不能伸食指；饭桌上谈事情时，放下筷子。

三忌"品箸留声"。

忌：筷子放在嘴里来回地嘬，或长时间把筷子含在嘴里，有甚者还发出"咂咂"声响

表现：把筷子一端含在嘴里来回嘬响。

解释：这种做法会被认为是缺少家教。

规矩：绝对不应该出现这种行为。

四忌"击盏敲盅"。

忌：用筷子敲击碗、盘、碟等

表现：用餐时拿筷子敲击盘碗。

解释：这种行为被看作乞丐要饭。

规矩：绝对不应该出现这种行为。

五忌"执箸巡城"。

忌：旁若无人，在菜盘里寻找，不知从哪下筷子为好

表现：举筷不定，状如巡查，不知夹什么好。

解释：过于随性，目中无人。

规矩：想好夹什么菜，再少量夹取。

六忌"泪箸遗珠"。

忌：执筷的手不利落，往自己盘碗里夹菜时洒落在其他菜或者桌面上

表现：用筷夹菜时，菜汁洒落桌面或其他盘里。

解释：这种做法会被视为严重失礼。

规矩：可用小碗靠近，少量夹取。

餐桌有礼——如何成为餐桌上的礼仪达人

七忌"迷箸刨坟"。

忌：在同一个菜盘子里不停地用筷子挑来拣去，找自己最喜欢吃的，做法与"执箸巡城"相近

表现：筷子在盘里不停拨弄，像盗墓刨坟般寻找猎物。

解释：缺乏教养，令人生厌。

规矩：彬彬有礼，浅尝辄止。

八忌"惊魂未定"。

忌：一根筷子落地，右手拿一根筷子。古人讲筷子落地会惊扰到祖先，有不孝之嫌

第八课　执筷礼仪——动动手指把菜夹

表现：筷子突然落地。

解释：筷子掉地上，一惊一乍，自己吓自己，表现突兀。

规矩：一个性格沉稳的人，手上的东西不会轻易掉下来，即使掉下来，也不会惊慌，具有一种超凡脱俗、幽雅高贵的气质，这种气质其实就是沉稳的性格所带来的内在精神美的体现，而这种内在的精神美有时会大于一个人的外表美。

九忌"交叉十字"。

忌：筷尖交叉摆放，像作业被打了叉号，等同于对共同进餐的人否定

表现：用餐时将筷子随便交叉，放于碗盘或桌面。

解释：饭桌上打叉子，被视为对同桌人的否定。

规矩：放置筷子时要并拢整齐。

十忌"当众上香"。

忌：在就餐时，筷子插在饭碗中

表现：帮别人盛饭时，把筷子插在饭中递给对方。

餐桌有礼——如何成为餐桌上的礼仪达人

解释：被视同于给死人上香。

规矩：双手捧碗，左手握筷递过去。

十一忌"定海神针"。

忌：用一根筷子去插餐盘里的食物常被视为对共同就餐人的羞辱

表现：用一根筷子去插餐盘里的食物，或者把筷子插在饭碗中。

解释：对周围的人是一种无礼的行为。

规矩：餐桌上有任何困难都可以求助于服务生，而不应该在客人面前失态。

十二忌"颠倒乾坤"。

忌：不用筷尖夹菜，将筷子使倒了

表现：用餐时筷子颠倒使用，不分首尾。

解释：好像饥不择食一般，很是失礼。
规矩：使用时要不慌不忙，切忌首尾颠倒。
执筷小结：
置筷成双，筷尖对齐，平行竖放，筷柱放在右侧。
主宾、长者先动筷，不做嘴馋小花猫。
执筷应看准、少取，稳夹"不巡城""不遗珠"。
筷子放下归原位，如果落地道歉换新筷。
品菜出声、敲碗、筷子插在饭中失礼扰他人。
执筷聊天，筷子指人习气差。
佳肴美味不贪品，只有花猫才会跳到餐桌舔筷头儿。
做客饮足饭饱欲离席，先看座上长者是否横搁筷。
餐桌上养成好吃相，决定离座跟声："大家请慢用。"

唱一唱　童谣吟唱

筷子好兄弟

中国古人有智慧，巧用杠杆上餐桌。
中餐餐桌主餐具，筷子兄弟细又长。
盘碟碗中取佳肴，手似龙凤乐悠悠。
拇指老大巧在上，中指居中当支点。
食指用力四指托，余下小指依次排。
二龙取食如戏珠，优雅执筷凤点头。
优雅入口大功成，兄弟齐心好搭档。

餐桌有礼——如何成为餐桌上的礼仪达人

玩一玩　寓教于乐

游戏一《二龙戏珠》

目标：

1. 体验筷子夹圆物寻找平衡；

2. 团队协作。

准备：

音乐，按30人准备家用筷子30双，乒乓球30只，脸盆6个，计时器一个。

游戏过程：

一、规则与步骤

将参与游戏的成员分小组，以小组竞赛的方式进行。

获胜方式：三局两胜制。

游戏时间：一局10分钟。

场地：起点到终点应有3~4米的距离。

以10人为一小组，分出3个游戏小组。

每小组领到2个脸盆，10只黄色的乒乓球（比作游戏中的道具"金珠"），10双规格一致的筷子（比作游戏中的道具"二龙"）。

一个装有"二龙"和"金珠"的脸盆放在比赛起点，另一个空盆放在游戏比赛终点。

宣布游戏开始后，各小组成员每人依次手执"二龙"夹起一个"金珠"，从起点到终点，把夹着的乒乓球运送到终点的空盆里，路途中不可脱落，脱落需要返回起点重新夹起。

宣布游戏结束，统计哪一组成功运送的"金珠"数量多，数量多者胜；如果数量一致，以各小组完成任务总计时间为标准，时间少的胜出。

二、游戏后分享

1. 执筷夹住乒乓球，还能稳稳运送的方法是什么？

2. 你们小组成功运送了多少"金珠"？

3. 这次小组游戏赛上，小组内成员配合的收获是什么？

游戏二《长筷子食客》

目标：

1. 体验执长筷吃美食的感觉；

2. 体验互助才能共赢。

准备：

音乐计时器一个，一尺以上的筷子若干，双数参与者，美味食物（数量为每人一份）。

游戏过程：

一、玩法

两人一组，执筷吃完各自的一份食物。

游戏时间：10分钟。每组的两个人都要体验吃完自己盘中美味的感觉，体验到幸福，拍照为证。

评出1~3组快乐搭档小组。

二、游戏后分享

核心1. 找到使用长筷的支点，培养善用工具的能力；

核心2. 两人只有友好配合，才会在游戏过程中体会到助人助己的快乐。

餐桌有礼——如何成为餐桌上的礼仪达人

想一想　课后思考

平常在家里的餐桌上，你有没有掉入过执筷失礼"小陷阱"？

下面列举几个常见的失礼的执筷习惯。

失礼的"迷筷"——筷子已经拿起来了，还不知夹哪一道菜。

失礼的"扰筷"——执筷时手肘张得幅度过大，碰到邻座的手臂。

失礼的"玩筷"——执筷不夹菜，捏、转、玩耍筷子。

失礼的"寄筷"——用一根或两根筷子把餐桌上离自己较远的碗碟拖过来。

失礼的"刨筷"——执筷像叫花鸡一样不停地在菜盘中挑拣食物。

失礼的"拄筷"——在饭桌上不夹菜，手拄着筷子或用筷子拄着下巴。

失礼的"嘬筷"——把筷尖含在嘴里吸嘬，给别人似乎有口水的感觉。

记一记　华礼语录

龙含珠，凤点头。

一阴一阳之为道，一龙一凤之为和。

一长一短不合宜，一圆一方显规矩。

第八课　执筷礼仪——动动手指把菜夹

执筷需要手和谐，取食务必心感恩。

双龙含珠牢，二凤点头勤。

执筷取食为充饥，充饥果腹为养肌。

执筷右手为佳，呈递双手为宜。

七寸六分寓意七情六欲，三心二意暗语三长两短。

一双筷子源远流长，二分阴阳影响深远。

一次使用浪费资源，重复消毒节约有度。

笑一笑　打歇后语和谜语

把电线杆子当筷子使——使不动。

谜语一：兄弟俩，一样长，是咸是淡，它们先尝。（谜底：筷子）

谜语二：身体细长，出入成双，只会吃菜，不会喝汤。（谜底：筷子）

谜语三：姐妹双双一样长，一起工作一起忙，冷冷热热都经过，酸甜苦辣一起尝。（谜底：筷子）

做一做　章节测试

一、单选题

1. 以下选项哪个不是筷子的功能？（　　　）

A. 挑

B. 拨

C. 夹

D. 切

2. 筷子的长度是七寸六分，代表人有七情六欲，下面哪个不属于七情？（　　）

A. 怒

B. 乐

C. 惧

D. 思

3. 用餐中途要离开，筷子暂时不用时应该（　　）。

A. 插在碗里

B. 搁在碗碟边上

C. 放在碗上

D. 可随意放置

二、多选题

1. 夹菜时，应该本着（　　）的原则。

A. 客人优先

B. 职务优先

C. 年龄优先

D. 先外后内

E. 先男后女

2. 在谈话中，良好的倾听可以起到哪些作用？（　　）

A. 鼓励对方

B. 获取信息

C. 加深理解

D. 改善关系

E. 解决问题

三、判断题

1. 切忌用手掏牙齿，应用牙签，并以手或手帕遮掩。（　　）

2. 如餐具坠地，可请侍者拾起。（　　）

3. 在夹菜时，不能把筷子挥来挥去，在菜盘里上下乱翻，遇到别人也来夹菜时，要有意避让，谨防"筷子打架"。（　　）

4. 在说话时，不要把筷子当作道具，在餐桌上乱舞，也不要在请别人用菜时，把筷子指到别人面前，这样做是失礼的。（　　）

5. 在用餐中途因故暂时离开时，要把筷子轻轻搁在桌子上或餐碟边，不能插在饭碗里。（　　）

6. 筷子的形状是一方一圆，对应的是天圆地方。（　　）

7. 筷子的使用是持方行圆，含义是方为做人之本，圆为处世之道。（　　）

8. 筷子的状态是一动一静，动者为阳，静者属阴。夫妻之道，一个主内，一个主外。（　　）

9. 筷子不用时需要合二为一，暗示做人应该理想与现实互相结合。（　　）

10. 筷子使用时是一分为二，拇指、食指在上，无名指、小指在下，中指在中间，是为天、地、人，代表做事要天时、地利、人和。（　　）

第九课

持勺礼仪
——平平稳稳把勺持

用餐期间，暂时不用勺子时，应把勺子放在自己身前的碟子上，不要把勺子直接放在餐桌上，或让勺子在食物中"立正"。用勺子取完食物后，要立即食用食物或是把食物放在自己碟子里，不要再把食物倒回原处。若是取用的食物太烫，则不可用勺子舀来舀去，也不要用嘴对着勺子吹，应把食物先放到自己碗里，等凉了再吃。还要注意不把勺子塞到嘴里，或是反复舔食吮吸。

餐桌有礼——如何成为餐桌上的礼仪达人

引语：

调羹，北方称为"勺子"，餐桌上用于舀取汤羹或用筷子不方便撷取（如食用颗粒性的、滑溜的食物）时使用的一种餐具。

中华民族自古有崇尚礼仪、敬祖守本、自尊自重的道德观念和风俗理念。一滴水可以看出太阳，细节反映出人的基本素质。使用餐具则体现了一个人的家庭教养、文化修养和礼仪素质，即使是用勺的礼仪也会影响到一个人的成败。

中餐里勺子的主要作用是舀取菜肴和食物。有时，在用筷子取食的时候也可以使用勺子来辅助取食，但是尽量不要单独使用勺子去取菜。在用勺子取食物时不要舀取过满，以免溢出弄脏餐桌或衣服。在舀取食物后，可在原处停住片刻，等汤汁不会再往下流时再移过来享用。吃饭是全家团聚，增强家族认同感和维系感情的生活内容，是大人议事的当口，也是对孩子实施训诫的良机。"民以食为天"，一个"吃"字，是老百姓最重视的事情。

入营须知：

进餐前，手洗净。

不挑食，不剩饭。

取菜时，勿用勺；

细细嚼，慢慢舀，轻轻喝。

第九课　持勺礼仪——平平稳稳把勺持

读一读　古语导读

古语：

正复为奇，善复为妖。——《道德经》

导读：

事物相对立的两个面当互相转化，即"祸兮福之所倚，福兮祸之所伏"，也就是老子说的反者道之动。用到持勺方面，小朋友要特别注意反手勺的问题。反手勺，即舀汤盛饭的时候勺口朝外翻。据说只有祭祀或为犯人发牢食和盛饭时勺子才向外翻，民间也有说法认为向外反手用勺会使钱财外流。所以一些地方有风俗，勺子使用时的方向是向着屋子里的。

听一听　故事案例

案例一：我和同学有个约会

暑假的一天，莹莹早上起来，听到鸟儿叽叽喳喳的叫声，心里一阵高兴，就给同学打了电话："小熳，我想你了，你有时间吗？我们中午一起吃饭吧！"小熳说："好呀！好呀！我也想你了，正要给你打电话呢！我们约在哪里呢？"莹莹说："我们去吃意面吧？"小熳说："好！"

她们如约来吃意面，当服务员端上意面时，没有筷子，小熳就问莹

餐桌有礼——如何成为餐桌上的礼仪达人

莹："你知道意面怎么吃吗？"莹莹回答道："听我妈讲，意面是先把面缠绕在叉子上，然后再把叉子上的面全部放在勺子里，最后再用勺子送到嘴里。"小熳听了竖起大拇指："你妈妈真没有白讲，我们都能用上了，以后出国吃西餐不会被外国人小瞧了……"她们俩互相对视着开心地笑了。一会儿，服务员又端来了汤，小熳就拿起汤勺顺着碗从外向里舀着"呼噜呼噜"喝了起来。莹莹看了一下，然后就不说话了，因为她忘了妈妈给她讲的在西餐中喝汤的方法了……

提问：

1. 莹莹给小熳讲的吃意面的方式对吗？
2. 你知道西餐中喝汤用勺的方向是什么吗？
3. 吃意面是要用到勺子吗？
4. 生活中，你是怎样用勺子舀汤的呢？
5. 中餐和西餐使汤勺喝汤是不是有区别？

案例分析：

莹莹告诉小熳吃意面的方式是正确的，但是喝汤时却不知道怎么用勺子了。小朋友一定要注意，中餐和西餐用勺喝汤的方式还是有区别的，中餐用勺喝汤时勺子是顺着碗的外沿向里舀，而西餐正好是相反的，并且小熳喝汤还发出了声音，让人听着觉得不舒服。

案例二：爷爷的寿宴

一天，艳阳高照，随着放学铃声响起，浩浩很高兴，心里美滋滋地想："今天是爷爷的生日，我能吃上美味佳肴了！"他急匆匆地赶去眉州酒楼参加爷爷的寿宴。到酒店一看，哇！丰盛的午宴已经准备好了，大家都已入座，盛宴马上就要开始了，浩浩迫不及待地坐到一个空位上。服务生上完凉菜后，就上了一盘热气腾腾的烩菜，浩浩就拿勺在菜的中间盛了满满的一勺，晃晃悠悠地往嘴里送去，不料因为盛得太多，菜还没到嘴边就往下掉了，一些掉到了桌子上，一些掉到了衣服上。他怕菜继续住下掉，就赶紧把剩余的菜全部都放在了口中，没想到菜太烫了，没法下咽，他又吐到了盘子里，想放凉了再吃。这让旁边的客人看了都很反胃。

提问：

1. 浩浩是如何取菜的？
2. 用勺取菜的方式对不对？为什么？
3. 如果你是浩浩，你会怎么做呢？
4. 你从浩浩取菜的方式感觉浩浩是一个什么样的人？
5. 用勺子取菜时我们要怎么做？

案例分析：

餐桌上一般都是拿筷子夹菜的，浩浩拿勺取菜显得很贪婪。如果要用小勺取菜，正确的方式应该是拿勺从菜边上往中间取，而不是用勺从菜中间直接取。浩浩拿勺取菜时不应该取得太满，而且他没有用勺底在盘边停一停，再缓缓地把勺拿回来。他不应该把勺直接放到嘴里，他觉得菜烫时又把菜吐到盘子里，这种行为让人无法直视。

教一教　华礼观点

1. 千形万态——勺子的种类有哪些？

勺子有三层含义：一是指喝汤、盛饭用的工具；二是指一个人很傻，就是俗称的"憨勺"；三是指围棋中的臭手，俗称"勺子"。

（1）勺子：一种有柄的可以舀取东西的器具，常用来喝汤、盛饭，例如装饭、盛饭用的饭勺；

（2）汤勺、汤勺子：喝汤时盛汤用的（汤匙）；

餐桌有礼——如何成为餐桌上的礼仪达人

（3）炒勺：炒菜用的有柄炒锅；

（4）掌勺儿：炒菜用的勺子；

（5）水勺：装水、盛水用的勺子；

（6）面粉勺：装面粉、盛面粉用的勺子；

（7）谷勺：装谷、盛谷用的勺子；

（8）量勺：测量容积大小用的勺子；

（9）磁勺：带有磁性的勺子。

2. 狼吞虎咽——我们使用勺子吃饭或喝汤时能把勺子完全放入口中吗？

用勺子食用食物时，尽量不要把勺子完全放入口中，或反复吸吮它，这样让人觉得不礼貌。

3. 虚位以待——用勺子喝汤时，将勺子放到嘴中的什么位置？

用勺子喝汤时，将勺子放到嘴中大约三分之一的位置即可，如果在吃西餐喝汤时将整个勺子放进嘴里也是不优雅的举动。同时，需将小汤勺里的汤一次喝完，不要分几次喝。

把勺子放在口中三分之一处

第九课　持勺礼仪——平平稳稳把勺持

4. 轻轻脆脆——勺子放入口中碰到牙齿时，能发出声音吗？

将勺子放进口中时，不能发出勺子碰撞牙齿的声音，如果有声音会显得粗鲁。

5. 如雷贯耳——喝汤时能发出响声吗？

喝汤的时候不能发出响声，有的人对此不太注意，喝汤时发出"呲呲"的声音，这是十分粗鲁、失礼的。

喝汤呼噜，发出声音是失礼的

6. 叮叮当当——我们不喝汤时，能将勺碰到碗、杯、盘等发出碰撞声吗？

我们不喝汤时，将勺碰到碗、杯、盘等发出碰撞声是不礼貌的，并且有人爱在碗里面来回搅动，汤勺碰到碗也会发出声音，这样也是不礼貌的。

7. 井井有条——用餐时使用小汤勺从碗里舀汤时，勺子是顺着碗的外沿向碗里舀吗？

在中餐中使用小汤勺舀汤时，是顺着碗的外沿舀的。

餐桌有礼——如何成为餐桌上的礼仪达人

顺着碗的外沿，靠着盘子边舀起

8. 按部就班——从汤盆里往碗里盛汤是用公用的大勺子还是自己的小勺子？

是用公用的大勺子。尽量避免使用自己的小勺子去汤盆舀汤，使用公用的大勺子更卫生，更礼貌。

9. 多多益善——无论用大勺或小勺舀汤或取菜能过量吗？

无论用大勺或小勺舀汤，不宜过满，而且持勺要平稳。如果用小勺去取食物，过满就容易溢出来弄脏餐桌或衣服，并且应该在舀取食物之后，在原处停留片刻，待汤汁不再流时再移向自己享用。取完后应立即食用，不要再次把食物放回原处。

无论用大勺还是小勺舀汤，都不宜过满，更不能把大勺放进自己碗里
（图为错误示范）

第九课　持勺礼仪——平平稳稳把勺持

10. 到处甩手——无论使用大勺还是小勺可以有甩的动作吗?

无论使用大勺还是小勺,都应避免做出甩的动作,会显得失礼。

喝汤甩勺不文明(图为错误示范)

11. 一侧翘起——汤碗中的汤快喝完时,怎么用汤勺把汤舀尽?

汤碗中的汤快喝完时,用左手使汤碗的外侧稍稍翘起,用小汤勺舀尽即可,这样做比较优雅。

翘起碗,上身保持直立,再拿勺舀

175

餐桌有礼——如何成为餐桌上的礼仪达人

12. 一席之地——如果我们暂时不用小勺子应该怎样做呢？

暂时不用勺子时，应将其置于自己的食碟上，不要把它直接放在餐桌上或是把它放在食物上。如果没有碟子，也可以放在碗里，勺口向上，而不要随便放在餐桌上，如果放在桌上不卫生。

不可把公用汤勺放在自己碟子上，更不能带着汤乱放（图为错误示范）

13. 泾渭分明——你知道勺子不用时，勺口应面向哪里吗？

无论大小勺，在不用时，都要把勺口朝上放，忌勺口朝下放。勺口是阳面，勺背是阴面，只有在遇到丧礼时才可以勺口朝下。

勺子不用时，勺口向上摆放（左图为错误示范）

176

第九课 持勺礼仪——平平稳稳把勺持

14. 情礼兼到——假如你取的食物过烫,这时你应该怎样做呢?

若取用的食物过烫,先等食物凉一凉再取,不可用小勺子翻来捣去,也不可用嘴对它吹来吹去,显得不优雅和不礼貌。

食物太烫千万不能吹凉(图为错误示范)

15. 二分明月——你知道西餐中英式和法式舀汤方式是怎样的吗?

勺子由内向外是英式舀汤的方法,勺子由外向内是法式的方法。

西餐喝汤由里向外舀,中餐喝汤由外向里

177

餐桌有礼——如何成为餐桌上的礼仪达人

16. 一网打尽——西餐时，汤剩下底了，怎么用汤勺把汤舀尽？

英法用汤勺的礼仪是不同的，英国是将碗的内侧抬起，碗朝着外面倾斜，使汤聚在碗的外侧，再用勺子去盛。法式相反，将汤碗外侧抬起，使汤汇聚在碗内侧，再用勺子去刮。

17. 单刀直入——能端起碗直接对嘴喝汤吗？

无论如何，我们都不能端起不带把的汤碗对嘴喝，这样显得不优雅。

18. 齐心协力——西餐中吃意大利面也要用到勺子，你知道怎么用吗？

吃意大利面时，将左右手的叉勺于桌面交换，用叉子叉一些面条，再抵着勺子内部旋转，把面条卷起来。

技巧在于，一定要拿勺子当底托，叉住几根面条在勺子里顺向旋转，这样就可以轻易地吃到香美的意大利面了。

第九课　持勺礼仪——平平稳稳把勺持

　　用勺子配合叉子来卷面条，右手持叉将面条转圈，使面条围绕叉子卷成一小束，同时左手用勺顶住叉子起固定作用，把面卷起来，送到口中。注意一次不要卷太多，足够一口吃下则可。

19. 各司其职——西餐中，主菜上方的小勺是用来吃什么的？

　　西餐中，主菜上方的小勺用来吃布丁类的软食物。

20. 择主而事——你知道吃西餐时一般用的汤勺有几把吗？

　　一般而言，西餐的汤匙会有好几把。通常，它们都是放在你右手的餐刀的外侧。如果是两把的话，一把是用于喝汤的，另一把是用于吃甜品的。有时，还有一把是用于喝红茶或咖啡的。

21. 别有风味——西餐中，勺子有几种具体用法？

　　（1）西餐中的勺子也是需要从外侧向内侧舀取用的。应先拿离你最远的那个，然后再依次取用较近的。

　　（2）勺子是不能含在嘴里的。应直接把食物倒进嘴里，而不能含着勺子。

　　（3）不用勺子的时候，应令其"平躺"在盘子上，或放在杯子下面的碟子里，不能让它在杯子里面"立正"。

餐桌有礼——如何成为餐桌上的礼仪达人

22. 别具一格——西餐中拿勺喝汤最重要的是什么？

一定要拿勺子舀，是从外侧舀起，要把汤舀拿起先往碗中稍远的地方舀，转一圈回来再送入口中。因为西餐的汤比较浓，可能是红汤，也可能是奶油汤。你要是直接舀入口中，搞不好会洒自己一身。向远侧舀实际上是有一种过渡，万一流出了汤汁，它就会在这种过渡之下流到桌上或者流到碗里去。到你这个位置时，基本上该流的都流光了。

23. 探头探脑——西餐中持勺喝汤时，可以低头够桌面的汤吗？

无论是西餐还是中餐，都要注意一点，永远不要低头去够桌上的汤。要把勺子举到与不低头情况下的嘴同高的位置，将汤送入。特别提醒一下西餐中最棘手的酥皮汤，如果你不想吃外面那一层酥皮，就直接用勺子把酥皮戳开一个洞，舀下面的汤就好啦。

不宜低头喝汤，要以匙就口（左图为错误示范）

第九课　持勺礼仪——平平稳稳把勺持

看一看　看图学礼

一、手持调羹的方式

手持调羹的方式为：右手持调羹，食指在上，正好按住柄部上端的凹槽，拇指和中指在下支撑。这样比较美观、文明，也比较稳重。当然也有将拇指横向按在柄部的上端，而食指和中指在下支撑的。这样就有些显得粗鲁、不拘小节。

以下列举的是不恰当的用调羹（勺子）的表现。（以下各图为错误示范）

出声勺：喝汤时发出"啧啧"的瘪嘴声或"呼噜噜"的喝汤响声

回锅勺：将自己经口用过的或舔过的汤勺、调羹重新回锅盛汤

餐桌有礼——如何成为餐桌上的礼仪达人

吹风勺：用比较大或比较急的口风吹凉调羹中的汤

敲打勺：没有轻拿轻放，致使调羹碰到碗、盘而发出声响

第九课　持勺礼仪——平平稳稳把勺持

反手勺：舀汤盛饭的时候勺子直着外翻，或者将勺子反扣在嘴巴里。因为只有为祭祀或为犯人发牢食、盛饭时勺子才向外翻，民间也有认为向外反手用勺会使钱财外流。所以一些地方有风俗：勺子使用时的方向要向着屋子里面

花脸勺：每次用过后，勺子上黏附汤汁或酱水，若不注意随时清洁，则形成一张花脸，此时不能再次使用勺子

餐桌有礼——如何成为餐桌上的礼仪达人

满嘴勺：将勺子连同食物一起塞进嘴里

二、不可用咖啡勺舀咖啡

用咖啡勺舀咖啡，会招人笑话的。

看一个人如何喝咖啡，能看出这个人对咖啡文化了解多少，是否懂得咖啡礼仪。用咖啡勺舀着喝咖啡是无知的表现。在有些人看来，这是装模作样，不懂装懂。当你在聚会上高谈阔论地用咖啡勺喝咖啡时，即使你言论再高明，外表再无懈可击，也难以赢得他人的由衷认同。

如果你不太清楚该怎么用咖啡勺，应该先看别人怎么用，而不是自以为是地拿咖啡勺舀咖啡喝。

温馨提示：咖啡勺是用来加糖和搅拌咖啡的，而不是用来盛咖啡入口的。

勺子并不是用来喝咖啡的（图为错误示范）

第九课 持勺礼仪——平平稳稳把勺持

喝咖啡的时候，应将咖啡勺取出放在碟子上

咖啡勺不能一直放在咖啡杯里（图为错误示范）

持勺用餐

小小勺，真灵便，

右手持勺，左手扶碗，

不撒不漏，送到嘴边，

细细嚼来，慢慢咽下。

餐桌有礼——如何成为餐桌上的礼仪达人

唱一唱　童谣吟唱

持勺礼仪

你持勺，我持勺，大家都来持持勺。

你看我，我看你，各有各的持勺礼。

大的勺，小的勺，中西餐中各不一。

中餐大勺盛汤用，西餐餐桌无大勺。

中餐小勺就一把，可盛菜来可舀汤，

西餐小勺两三把，个个都把功能显。

小朋友们要用对，不对就会把礼失。

玩一玩　寓教于乐

游戏《你说我做》

目标：

培养孩子正确地使用勺子。

准备：

不同的勺子（大小饭勺、大小汤勺、点心勺、咖啡勺等）。

玩法：

可两人一组，一人说出勺子的名称及使用场合，另一人拿出对应的勺

第九课　持勺礼仪——平平稳稳把勺持

子并持好，做例如取菜、吃饭、打汤、喝汤、喝咖啡及吃西餐的动作。也可多人玩。做对者获五角星一颗，以获得最多者为胜。

想一想　课后思考

思考一：应该怎样使用勺子取食物和舀汤？

思考二：如果不知道如何使用勺子，应该怎么做？

思考三：使用勺子应该注意什么？

思考四：不使用勺子时应该怎么放？

思考五：勺子在什么情况下使用？

思考六：如果需要用勺子取菜应该怎么做？

记一记　华礼语录

1. 棒打狍子瓢舀鱼，野鸡飞到饭锅里。

2. 持勺滴水不露，方见水平；做人默而不语，尽显分寸。

3. 做事如持勺，平平稳稳；做人如端碗，端端正正。

4. 勺子有正背，递人给正面；手掌分阴阳，示人以阳面。

5. 勺子成器，君子不器。

6. 汤不可舀满，话不可说满。

7. 舀汤不满不流，做人不骄不躁。

餐桌有礼——如何成为餐桌上的礼仪达人

8. 舀汤稠稀皆可，做人爱憎分明。

9. 勺子放在菜汤里，不下滑不掉落；君子置身常人中，不显山不露水。

10. 勺子筷子相配合，服务饮食；志士仁人互砥砺，效力社会。

11. 勺子有长柄，为了与人方便；自己有长处，与己与人方便。

笑一笑 打歇后语

1. 菜勺掏耳朵——下不去。

2. 一个锅里抡刀勺——酸甜苦辣全知道。

3. 勺子碰碗沿——常事（叮叮咣咣）。

4. 小勺子舀水——永远舀不完。

5. 勺子取菜——取得多。

6. 勺子打水——费劲。

7. 勺子吃菜——猛。

8. 勺子常在锅里舀——哪有勺子不碰沿儿。

9. 掏耳勺舀菜——费死劲。

做一做　章节测试

一、单选题

1. 意大利面是西餐正餐中最接近中国人饮食习惯的面点，在中国较为普及。意大利面与中国炒面形式相同，质地坚韧，可以长期存放，关于意大利面的吃法下面描述正确的是（　　）。

A. 用勺子配合叉子来卷面条，左手持叉将面条转圈，使面条围绕叉子卷成一小束，同时右手用勺顶住叉子起固定作用，把面卷起来，送到口中。注意一次不要卷太多，足够一口吃下则可

B. 在吃意大利面的时候应当用筷子慢慢将面条卷起来送入口中

C. 使用叉子吃意大利面是一种技巧，远比用筷子要复杂得多，用叉子挑起面条可以称为杂技。技巧在于，一定要拿勺子当底托，叉住一小捆面条在勺子里飞速顺向旋转，这样就可以轻易如愿地吃到香美的意大利面

D. 常见的意大利面有葱油拌面、肉馅儿炒面、海鲜炒面、香肠炒面、香菇炒面等

2. 下面不属于常见意大利面的是（　　）。

A. 葱油拌面

B. 肉馅儿炒面

C. 海鲜炒面

D. 香肠炒面

二、多选题

1. 下面手持调羹的方式正确的是（　　）。

餐桌有礼——如何成为餐桌上的礼仪达人

A. 右手持调羹，食指在上正好按住调羹柄部上端的凹槽，拇指和中指在下支撑，这样比较美观、文明，也比较稳重

B. 将拇指横向按在柄部的上端，而食指和中指在下支撑，虽然有些显得不拘小节，但是这种方法被大家常用

C. 左手持调羹柄部，右手在下面托住

D. 舀汤盛饭的时候勺子向外翻

2. 在中餐宴会中，使用汤匙有哪些注意事项？（　　）

A. 不要全部放入口中吸吮

B. 不宜用汤匙舀来舀去

C. 用匙取食物后不要倒回原处

D. 以上都不正确

三、判断题

1. 粒状水果，如葡萄，可用手抓来吃。（　　）

2. 汤舀起来，不能分几口喝。（　　）

3. 喝汤时，第一次舀汤宜少，先测试温度，浅尝。喝汤不要出声。（　　）

4. 吃进口的东西不能吐出来，如是滚烫的食物，可喝水或用果汁冲凉。（　　）

5. 喝汤时不要任意搅和热汤和用口吹凉。（　　）

第十课

刀叉礼仪
——井井有条刀叉礼

标准的西餐宴席，或者最为讲究的意大利餐饮、法式餐饮中，仅仅是不同形状的刀和叉就有十几把，切个牛排都得跟做手术似的，各种姿势换着切。

最基本的三件套虽然只有三个物件，但西方人依然对餐具的使用有讲究。如何摆放、如何捏握、如何切分、如何取食等，都有着标准的规范，以至于让很多不熟悉西餐的人闹出了笑话。学习正确使用餐具就成了吃西餐的第一个重要环节。而且，正确地使用餐具，也是行为优雅的一种体现，更能符合西餐的饮食文化、格调，更能显示一个人的礼仪和素养。

餐桌有礼——如何成为餐桌上的礼仪达人

引语：

西餐，顾名思义，是西方国家的餐食。西餐的准确称呼应该叫欧洲美食，或者欧式餐饮。每种文化都有自己独特的餐桌礼仪。比较世界各国的餐桌礼仪，西餐尤其讲究。中国的餐桌讲究热闹，酒酣耳热，推杯换盏，这才吃得过瘾；而西餐的餐桌礼仪刚好相反，主客有序、彬彬有礼、轻言细语，谈笑自若，这才是被认可的"吃相"。

对我们来说，吃饭的时候一般就用一双筷子一把勺，可以完美解决所有餐桌上的需求。而在西方，在餐具上就有所不同了，他们使用刀、叉，再加上汤匙，组成了基础的西餐餐具三件套。

入营须知：

小小一方桌，蕴有大乾坤，
上菜有先后，往来无妄声，
刀叉为餐具，面包为主食，
小饼如嚼月，指中冰激凌，
默品其滋味，静享音乐声。

第十课　刀叉礼仪——井井有条刀叉礼

读一读　古语导读

古语：

东方木与西方金。——《五行五方学》

导读：

中国人使用筷子，西方人使用刀叉，恰合中国五行五方学说的"东方木与西方金"。

食是形成个人乃至民族的本质的重要因素，我们现在经常会看到西方人学着我们使用筷子，而我们中国人也试着学习使用刀叉。餐桌是人生重要的舞台，小小的刀叉的使用有着非常多的学问，不要因为吃相失去机会。在餐桌上如何叉切才顺畅，如何吃才不会弄脏，并且有效率地愉快用餐，是有讲究的。一只手使用两只筷子，充分发挥着和谐、合作的和合精神。木为青，木生火，火为文，为红、为上，所以中国人崇尚绿色、红色，崇尚礼仪道德。西方人两只手使用一副刀叉，充分显示着威严、对立的战斗精神，金为白，金生水，水为动，为黑、为下，所以西方人崇尚白色、黑色，崇尚金钱、剑客。

餐桌有礼——如何成为餐桌上的礼仪达人

听一听 故事案例

案例：圣诞节的约会

周日的早上，哈利和爸爸、妈妈一起用早餐。妈妈做了哈利最爱吃的土豆饼，哈利边吃边笑着问妈妈："妈妈，圣诞节是不是快要到了，今年圣诞节可以吃比萨吗？圣诞老人会给我送礼物吗？"妈妈说："今年圣诞节会有个特别的惊喜，昨天接到硕硕妈妈的电话，约我们圣诞节一起去励骏西餐厅吃西餐，说那天圣诞老人还有可能给表现好的小绅士派送礼物哦。"

哈利听了非常高兴，瞪大了眼睛，笑着对妈妈说："是真的吗？哇，可以和硕硕见面了哈，太好了，还有圣诞老人在现场！"妈妈说："是啊，他们也会去的。"哈利赶紧又问问妈妈："那怎么样才算表现好呢？"

妈妈说："你知道在西餐厅吃东西和我们平时吃中餐有什么不同吗？"哈利脑子里浮现了那天吃西餐时的场景，说："妈妈，吃西餐不用筷子，是用刀叉吃吧？妈妈，上次我们在西餐厅吃牛排，我切得好费劲啊，还是爸爸帮我切的呢，这次我要自己试一试。"哈利赶紧把厨房的刀叉拿出来，开始练了起来，嘴里还自言自语说道："左手叉还是右手叉？"

提问：

1. 去西餐厅直接见预约的朋友就可以了吗？有什么要提前准备的吗？
2. 分别是哪只手拿刀和叉？
3. 吃牛排时怎么切不费力？

案例分析：

西餐中，使用刀叉是基本常识，正确地学习刀叉操作技巧可以慢慢内化成孩子的好习惯，培养孩子健全的人格和提升自信。

用餐的目的是快乐地交流，不仅仅是为了吃饱。你的吃相、举止的雅俗和是否能良好地谈笑交流，才是决定这一餐好不好的因素。礼仪显示教养，习俗体现自尊，餐桌看出修养。

孩子在健康成长的同时也应该学习西餐礼仪并注重气质修养的形成，而气质与修养则通过各种礼仪来体现。

教一教　华礼观点

1. 左叉右刀——哪只手拿刀，哪只手拿叉？

小朋友在吃西餐时经常拿错刀叉，刀叉使用方法是左手叉右手刀，握叉和刀时是以食指按在柄上，其余手指握住柄部。叉尖要朝下，切食物时切成一口的大小。用叉子放入口中，身体坐正。

错误拿法　　　　　　　　　　正确拿法

左叉右刀，握叉和刀时是以食指按在柄上，其余手指握住柄部

2. 音低人高——用刀叉时可以发出声音吗？

西餐就餐体现安静优雅，即使再不熟练也要极力避免在盘中叮当作响，用刀叉时轻压刀子慢用力，不能发出碰盘子的声音，否则会显得粗野草率。

餐桌有礼——如何成为餐桌上的礼仪达人

3. 手舞足蹈——如果在西餐厅有小朋友挥舞刀叉，这样别人会喜欢他吗？

小朋友在用餐具时，不可以随便挥舞刀叉，这样有失礼节，餐桌上能看出一个人的修养。

4. 轻松自如——如何切牛排轻松自如？

吃牛排是有技巧的，当牛排端上来后，先用叉子从左侧将肉叉住，再用刀沿着叉子的右侧将肉切开，需要用指尖上的力道，而不是靠手臂的力气，人用手使力时是靠腹部、背部的肌肉。这就是用餐时坐姿重要的原因，坐得端正，手肘自然会向腋下靠拢。叉子的定点和刀子愈靠近，切起肉来就愈容易。

5. 樱桃小口——切多大块比较合适呢？

用叉子按住食物，从牛排右侧开始切，用刀切刚好入口的大小。

6. 餐具示意——刀叉摆放的方式可以传递什么信息？

当你还没有吃完食物想暂时休息一下时，刀叉应呈"八"字形摆放，这样你的食物就不会被服务员收走了。如果你已经不想再吃盘子里的食物了，把刀叉呈四点的形状摆放，服务员看到后就会马上收走盘子。

刀叉呈四点表示你已经用完这道菜

将刀叉呈"八"字形摆放表示暂时休息

7. 专刀专用——黄油用什么涂在面包上？

西餐厅有专用的黄油刀，可以将黄油涂抹在掰开的面包上食用。

8. "块然"独处——小块的食物怎么用刀叉盛呢？

盛用碎小的食物，可以借用刀放到叉子上，放入口中。

9. 内外有别——用餐时，刀刃是朝外还是朝内？

用餐还没结束时刀刃是朝向内的。

10. 边吃边喝——喝饮品时可以同时拿刀叉吗？

喝饮品时要放下刀叉，且将刀叉呈"八"字形摆放在餐盘中。

11. 避免狼狈——怎么样巧吃沙拉？

沙拉可以用叉子来吃，如果块太大，可以用刀子切成小块。大片叶子不易入口时，用叉子压着蔬菜，然后用刀子一层一层将叶子折成小块，就可以方便优雅地食用了。

12. 吞吐自如——用餐时吃到骨头怎么样优雅地吐出来？

吃到骨头时可以用右手遮住口部，将骨头用叉子接住放到盘子右上角。

13. 色味俱佳——比萨的用餐礼仪有哪些？

吃比萨饼时最好是热着吃，否则吃起来口感差、香味弱。

点比萨饼可根据菜单点，也可以要求厨师按照你的口味放料。

吃比萨饼时应将已切好的饼（厨师已切好）取一块放入自己的餐盘中，用刀、叉食用。

要切一块吃一块，先切碎再吃不雅观，也不易保持温度。

切好的饼呈三角状，左手拿叉、右手拿刀，将饼的尖端转向左侧，从此处下刀。

看一看　看图学礼

西餐中女士入座的步骤

1. 要先迈外侧脚；

2. 两脚并拢；

3. 双手抚裙摆，用手扶住椅子边沿、侧面或者椅背，从前往后坐，坐椅子的三分之二；

4. 双手斜向一面，或者放于两腿中间前方位置，脚尖要朝外，整理好裙子；

5. 右手压在左手上，放在裙摆上，挺直上身。

注意：

1. 膝盖部位永远呈直角，背和椅子水平面永远呈直角。

2. 离座时要自然稳当，右脚向后收半步，而后站起。

3. 如果累了，可以将双手静静按住椅子往后挪，不要坐着拖动椅子，背尽量挺直。

玩一玩　寓教于乐

活动一：学习入座礼仪

情境模拟：

将教室模拟成西餐厅，请四位同学扮演今天的第一批客人。其他同学认真观看，并说出台上四位同学的表现有哪些不符合西餐的礼仪。

设计意图：

让学生通过情境表演，充分调动学习的兴趣，并反馈学生对入座礼仪的了解情况。

观察总结：

观看微课，观察让学生刚才上台表演的客人的行为到底符不符合西餐的礼仪。

总结入座礼仪：

处处体现女士优先；由椅子的左侧入座；入座后坐姿要端正。

实践体验：

（1）老师邀请一名学生示范标准礼仪动作；

（2）全体同学一起入座西餐厅，练习入座礼仪动作。

活动二：学习点餐

情境模拟：

学生小组讨论点一套完整的西餐菜品的方法。老师扮演侍者，对学生点餐进行适时的评价。

观察学习：

（1）介绍普通西餐的上菜顺序，依次是开胃菜、汤、主食、甜食、饮品。

（2）介绍每道菜品包含哪些食物。

反馈体验：

小组根据所学知识再点一次餐。

活动三：读懂餐布的"语言"

猜想演示：

猜想一：入座后，应该把餐布放在哪里？

猜想二：中途离开餐桌时，餐布应该放在哪里？

猜想三：宴会结束时，餐布应该放在哪里？

小组讨论并上台演示其猜想。

验证猜想：

播放微课，共同学习餐布的"语言"。

实践体验：

师生共同练习使用餐布。

活动四：学会刀叉的使用

观察总结：

呈现西餐餐具图，学生观察西餐餐具有哪些。

学习每种餐具的用途，基本的刀叉用法。

实践体验：

（1）请一位吃过西餐的同学上台前为大家示范。

（2）老师分步为同学讲解、示范。

在演示时，强调注意事项：使用刀叉时，要左手持叉，右手持刀；切东西时左手拿叉按住食物，右手拿刀切小块，用叉子往嘴里送；用刀的时候，刀刃不可以朝外；任何时候，都不要将刀叉的一端放在盘上，另一端放在桌上。

（3）学生享用"牛排"大餐（因课堂条件限制用面包片代替），练习使用刀叉。（配优雅音乐）

拓展训练：

（1）情境故事，引出刀叉的特殊"语言"：中途暂停用餐时餐具如何摆放？用餐完毕时餐具如何摆放？

（2）学生交流，老师讲解。

（3）学生练习两种情境下刀叉的特殊"语言"动作。

做一做　章节测试

一、单选题

1. 西餐厅入座时应从（　　　）入座。

A. 前侧

B. 后侧

C. 左侧

D. 右侧

2. 用汤匙舀汤时，约将分量控制在汤匙的（　　　）分满即可。

A. 三分

B. 五分

C. 七分

D. 八分

3. 西餐中的第一道菜肴通常是（   ）。

A. 主菜

B. 汤

C. 副菜

D. 开胃菜

4. 面包食用礼仪中，正确的食用方式是（   ）。

A. 用叉子

B. 用筷子

C. 用奶油刀

D. 用手撕

5. 干白葡萄酒的饮用温度为（   ）摄氏度左右。

A. 15

B. 10

C. 5

D. 12

6. 拿（   ）时，应用手掌由下往上包住杯身，让手温传导引出酒香。

A. 葡萄酒杯

B. 啤酒杯

C. 白兰地酒杯

D. 香槟杯

7. 牛排（   ）时，按压牛排时牛排具有弹性，切口呈淡淡的红色。

A. 三分熟

B. 五分熟

C. 八分熟

D. 全熟

8. 食用肉类料理时，应从料理的（　　）切割用餐。

A. 左侧

B. 右侧

C. 前侧

D. 后侧

9. 关于生蚝及其他贝类的用餐礼仪，以下哪项表述是错误的？（　　）

A. 可先用手剥开贝类

B. 用叉子挑出肉来蘸酱吃

C. 不能就着壳直接吸出

D. 用筷子辅助食用

10. 西餐进餐时，中途离开时可将刀叉放成（　　）。

A. 二字形

B. 八字形

C. 十字形

D. 六点方向

11. 香槟酒开瓶时发出"嘶嘶"的声音，该酒常用于庆贺的热闹场合：如庆祝谈判成功、签字仪式等。据说在庆贺的场合喝香槟酒的习俗源于拿破仑。香槟酒是以葡萄为原料的低度酒，请问它的度数是多少？（　　）

A. 3～5度

B. 6～8度

C. 13～15度

D. 18～20度

12. 请问西餐的上菜顺序是什么样的？（　　）

A. 冷盘、甜食或水果、热菜、汤

B. 冷盘、热菜、汤、甜食或水果

C. 冷盘、汤、热菜、甜食或水果

D. 甜食或水果、汤、热菜、冷盘

13. 请问酒会一般在什么时段举行为宜？（　　）

A. 上午 9~11 点

B. 下午 2~7 点

C. 晚上 7~9 点

D. 晚上 9 点以后

14. 西餐中，吃鱼虾时所用的佐酒是什么酒？（　　）

A. 白葡萄酒

B. 红葡萄酒

C. 威士忌酒

D. 白兰地酒

15. 在西餐宴会中，刀叉的使用原则及顺序是怎样的？（　　）

A. 左手拿叉，右手拿刀，由外向内依次取用

B. 左手拿叉，右手拿刀，由内向外依次取用

C. 右手拿叉，左手拿刀，由外向内依次取用

D. 右手拿叉，左手拿刀，由内向外依次取用

二、多选题

1. 西餐宴会上，对女主人的行为举止表述正确的有（　　）。

A. 在西餐宴会上女主人是第一位

B. 女主人打开餐巾表示宴会开始

C. 女主人拿起刀叉其他人才可以吃

D. 女主人热情地敬酒，是要求宾客干杯

E. 女主人把餐巾放在桌子上表示宴会结束

2. 吃西餐时应遵循以下哪几点？（　　）

A. 请重要客人吃西餐应事先预约

B. 从左侧入座，身体离餐桌一拳的距离

C. 需要服务时高声喊"服务员"

D. 餐具掉落自己捡起

E. 带小礼物给宴请的人

3. 吃西餐时，标准使用刀叉的动作可以让你优雅十足，以下（　　）的细节却是失礼的行为。

A. 边喝汤边吃面包

B. 把手袋放在桌上或挂在椅背上

C. 用餐时吸烟

D. 大声叫服务员

E. 自己任意决定座位

三、判断题

1. 食用鱼肉时，先选择靠近自己的这部分鱼肉，切成小块食用。（　　）

2. 用汤时，如果餐厅提供的是带把的汤碗，可直接用双手拿起以碗就口。（　　）

3. 吃奶油馅儿饼时最好用叉而不要用手，以防止馅儿料从另一头漏出。（　　）

4. 给咖啡加糖可直接用糖夹子或手把方糖放入杯内进行搅拌。（　　）

5. 抹黄油和果酱时也要先将面包掰成小块再抹。（　　）

6. 食用牛排时，餐刀用力的时间点是在将刀伸出去的时候，而不是将刀拉回时。（　　）

7. 预订的主要方式是电话预订，如是大规模或重要宴会通常还需当面进行商讨和确认。（　　）

餐桌有礼——如何成为餐桌上的礼仪达人

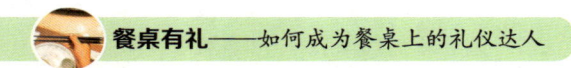

8. 将馅儿料摆在面包上的三明治称为闭面三明治。（   ）

9. 比萨厚饼是死面饼，口感脆香；薄饼为发面饼，口感软。（   ）

10. 食用未剥壳的白煮蛋时，可用汤匙将蛋敲出裂缝后用手剥壳。（   ）

后　记

《餐桌有礼——如何成为餐桌上的礼仪达人》的成书，是东方礼仪研究院对礼仪行业的又一大贡献，该书以孩子、家长、老师为共同对象，结合了古代餐桌礼仪传承文献资料与现代餐桌礼仪现状，做到了"使经典有传承途径，让现实有经典依据"。

传礼大使们在华平生院长的带领下，积极报名，贡献了自己的力量与智慧，此次参与写作的传礼大使有杨相琳（礼龙）、姚军（礼馨）、江腊妹（礼姝）、常娜（礼嫦）、周文（礼文）、李依洋（礼瑟）、黄彩琴（礼嘉）、任苏静（礼贤）、陈乐南（礼乐）、孔令环（礼灵）、王玉萍（礼玉）、齐冬梅（礼白）等。对这次写作提供特别支持和帮助的"爱心天使·传礼大使"姚军（礼馨）大师姐，为本书的出版工作付出了艰辛与努力！

安徽省潜山市舒州逸夫小学程姝萍同学在妈妈叶海燕传礼大使的指导下，安庆双莲寺小学汪梓萱同学在妈妈黄海霞传礼大使的指导下，合肥市红星路小学二年级王张堃阳同学在妈妈张晓寒传礼大使的指导下，拍摄了大量餐桌礼仪的素材，被当地教育系统的老师誉为"小淑女""小绅士"传礼大使。

诸位传礼大使分章节写作，分结构设计，分工种协作，分镜头拍摄，分小组校稿，而后合力完成本书！

对于各位参与编写和拍摄同人的辛苦付出，我们当以至诚恭敬之心，在此表达诚恳谢意！

杨相琳（礼龙）
2020 年 9 月 28 日

餐桌有礼——如何成为餐桌上的礼仪达人

附录　礼让六尺巷——桐城派文化传播者

参与编写人员：杨相琳（礼龙）、姚军（礼馨）、江腊妹（礼姝）、常娜（礼嫦）、周文（礼文）、李依洋（礼瑟）、黄彩琴（礼嘉）、任苏静（礼贤）、陈乐南（礼乐）、孔令环（礼灵）、王玉萍（礼玉）、齐冬梅（礼白）

附录　礼让六尺巷——桐城派文化传播者

参与拍摄人员：王玉真（礼真）、黄海霞（礼璞）、朱群丽（礼妍）、张晓寒（礼星）、戴玉清（礼运）、余丹（礼丹）、李春华（礼韵）、钱坤、张苗（礼冰）、吴淑娟（礼让）